- 基于综合实践活动的生涯教育系列丛书
- 重庆市普通高中教育教学改革研究重大课题（2019CQJWGZ）
- 中共重庆市委教育工作委员会中小学校党建重点课题（24SKZ）
- 重庆市教育综合改革第十批试点项目（24JGSY02）成果
- 重庆市普通高中校本教研基地成果
- 重庆市首批中小学"支点"创新实验室成果

内心的足迹
——我的心理成长纪录片

总主编◎欧 健 张 勇
主 编◎秦绪宝

西南大学出版社
国家一级出版社 全国百佳图书出版单位

图书在版编目(CIP)数据

内心的足迹：我的心理成长纪录片 / 秦绪宝主编.
重庆：西南大学出版社, 2024.10. --(附中文丛).
ISBN 978-7-5697-2454-7

Ⅰ.G444

中国国家版本馆CIP数据核字第20244P2R33号

内心的足迹——我的心理成长纪录片
NEIXIN DE ZUJI——WO DE XINLI CHENGZHANG JILUPIAN

主　编　秦绪宝

策划编辑｜王　宁　尤国琴
责任编辑｜尤国琴
特约编辑｜张泽昊
责任校对｜高　勇
装帧设计｜闻江文化
排　　版｜贝　岚
出版发行｜西南大学出版社（原西南师范大学出版社）
　　　　地　　址｜重庆市北碚区天生路2号
　　　　邮　　编｜400715
　　　　电　　话｜023-68868624
印　　刷｜重庆市圣立印刷有限公司
成品尺寸｜185 mm×260 mm
印　　张｜6.25
字　　数｜118千字
版　　次｜2024年10月　第1版
印　　次｜2024年10月　第1次印刷
书　　号｜ISBN 978-7-5697-2454-7
定　　价｜19.80元

编审委员会

总顾问：宋乃庆

主　任：欧　健　张　勇

副主任：刘汭雪　梁学友　黄仕友　彭红军　徐　川

委　员：邓晓鹏　崔建萍　卓忠越　陈　铎　冯亚东　秦　耕
　　　　李海涛　李流芳　曾志新　王一波　张爱明　付新民
　　　　龙万明　涂登熬　刘芝花　常　山　范　伟　李正吉
　　　　吴丹丹　蒋邦龙　郑　举　李　越　林艳华　罗　键
　　　　李朝彬　申佳鑫　杨泽新　向　颢　赵一旻　马　钊
　　　　张　宏　罗雅南　潘玉斌　秦绪宝　谭　鹃　张兵娟
　　　　范林佳

编写委员会

总 主 编：欧　健　张　勇

主　　编：秦绪宝

副 主 编：陆智远

编 写 者：纪　延　丁小芹　陈　萍　刘亚康

总序一

新高考改革,出发点就是让学生拥有自主选择、自我负责的学习权。此种导向要求中学进行育人方式的变革,为学生开设生涯教育的课程,给予学生人生规划的指导,引导学生认知自己,明确自己的兴趣、性格、优势、价值取向,让学生以此为基础认识外界,更好地为自己设立生涯目标,并根据已拥有的资源实现目标。"基于综合实践活动的生涯教育系列丛书",正是西南大学附属中学先于国家政策试点,通过不懈的实践探索,收获的基于综合实践活动推进生涯教育的特色研究成果。

如何通过生涯规划课程引导学生学会自主选择,这一重要议题为我国教育改革与发展开拓了一个新的领域。"基于综合实践活动的生涯教育系列丛书",从实践的角度架构了基于综合实践活动的生涯教育的基本框架,为服务于学生发展的育人模式的构建、学校教育品质的提升和学校实践改革的推进提供了重要启示,具有开拓意义。

第一,该套丛书的目标定位和内容选择,是以"帮助学生找到人生方向"为根本宗旨,贯穿初高中,培养个体人生规划意识与技能,指导学生学会学习、学会选择,在充分认识自我和理解社会的基础上,平衡个人发展和社会发展的需求,初步设计合理的人生发展路径,促进个体生涯发展,提升生涯素养。

第二,丛书的设计与安排,坚守"学生是学习与发展的主体"这一根本理念,初高中分阶段相互衔接,进行一体化设计;通过活动为学生搭建主动选择的平台,以研究性学习、社区服务、社会实践、研学旅行、设计制作、职业体验等综合实践活动为载体,引导学生在活动中明确人生奋斗目标并激发生涯学习动力,而不是简单地为学生提供品类繁多的"超市商品"让学生选择。

第三，学校还开发了《传统武术奠基康勇人生》《食育与健康生活》《生物实践与创意生活》《数学视角看生活经济》《水科技与可持续发展》《乡土地理和家国情怀》等配套读物，结合校内外的学习实践和生活实践，将基于综合实践活动的生涯教育理论渗透到学科课程中，为学生生涯发展提供重要教育平台和资源，弥补学生社会经历缺乏、生活经验不足、实践体验机会太少等生涯教育短板，促进生涯教育过程性和动态性发展。主体文丛和辅助文丛相辅相成，将生涯教育和综合实践活动有效融合，让学生在沉浸式的体验中感知自己、认知职业、畅想未来。

第四，丛书贴近学生，语言平实生动，联系初高中生活学习实际，通俗易懂；图文并茂，既有趣味的活动设计，又有学生实践的光影记录，观之可亲。学生可从课堂内的探索活动、课堂外的校本实践中深刻体验生涯力量，还可在教师的引导下从活动链接中习得生涯领域的重要概念及理论，为未来的生涯发展做好积累。

总体而言，整套文丛以综合实践活动为基础，融入学科课程和劳动教育，以提升学生生涯规划能力为目的，不断强化适合生涯发展的认知能力、合作能力、创新能力、职业能力，力图帮助学生适应并服务于社会，获得终身学习、终身幸福的能力。

教书育人在细微处，学生成长在实践中。本套丛书的出版，将丰富生涯教育的承载形式，为中小学开展并落实基于综合实践活动的生涯教育提供可借鉴的案例，有效加强中学生生涯教育，促进学生全面发展、终身发展和个性发展。希望广大学生也可以像西南大学附属中学学生一样，在最适合的时候遇到最美的自己，希望更多的学校像西南大学附属中学一样为学生一生的生涯幸福奠基，让他们成长为自己满意的样子。

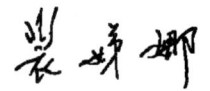

裴娣娜

（北京师范大学资深教授，博士生导师，当代教育名家，
中国课程与教学论领军人物，全国教学论专业委员会主任）

总序二

寒来暑往,西南大学附属中学在生涯教育这片热土上已躬耕二十余年。多年实践让我们相信,学校的课程、活动、校本读本都应回到问题的原点:什么是教育?

教育,是将自然人培养成社会人的过程,是帮助每一个孩子认识自己、发现自己,让他既能成长为自己心中最美的样子,又能符合国家、社会对人才的需求。

因此,我们希望实现这样一种生涯教育:让学生有智慧地参与综合实践活动,从活动中生发智慧;让学生有德行地参与综合实践活动,在活动中完善德行;让学生带着对美的追求参与到活动中,在活动中提升创造美的能力。一个拥有智慧与德行,能够欣赏美、创造美的个体,定然能够在瞬息万变的世界里立定脚跟,也能够在喧喧嚷嚷中细心呵护一枝蔷薇。

秉持这样的理念,我们编写了"基于综合实践活动的生涯教育系列丛书",着力帮助学生更好地适应未来不同阶段的身份、角色。希望学习此书的孩子们,不必因为不懂自己、不明环境、不会选择而错失遇见最美自己的机会。请打开这些书,热情地投入到探索活动中,感知自己的心跳起伏,喜恶悲欣;细细品读每个生涯故事,观察他人的生活,触碰更多可能;更要在校本实践中交流碰撞,磨砺成长……这些书将是孩子们生涯成长路上的小伙伴,陪在他们身旁,给予他们力量。希望孩子们从此学会学习,学会选择,学会生活。

基于综合实践活动的生涯教育是为幸福人生奠基的教育。我相信,当每一个个体恰如其分地成长为自己所喜欢的样子,拥有人生幸福的能力,就同样能为他人带来幸福,为社会创造福祉,为国家幸福而不断奋斗!

欧健

(教育博士,正高级教师,西南大学附属中学党委书记)

序

同学们,相信大家在生活中都看过纪录片。独特的视角,精彩的画面,给我们带来了丰富的体验。无论是广袤的草原、浩瀚的海洋、巍峨的高山,抑或是厚重的历史、有趣的行业、独特的美食,这些真实的记录都为我们提供了见天地、见众生的绝佳机会。

但我们知道,除了见识天地众生之外,我们可能还有一项重要的使命,就是认识并探索自己。有心理学家认为,人生最大的探险就是内心世界的探索。这种探索是一项终身的事业。这个旅程与探索自然天地一样,也能给我们带来很大的满足与喜悦。

荧幕上的纪录片,用到的记录工具是影像设备。而在我们这本"心理成长纪录片"中,需要的工具是你的觉察与表达,核心技能是你的真诚与投入。在用到本书中的工具时,你需要找到一个安全自在的环境,或者是在有心理老师陪伴的课堂上,或者是可以自主安排的下午。你可以大胆地告诉自己,完成这本书中的内容是自己选择的探索,与他人无关。同时,由于我们每个人的独特和不同,这些探索记录不能用单纯的好坏对错评量,因此我们在探索过程中不必非要表述他人想听、想看的东西,也无须刻意抬高或贬低自己,真诚地表露内心的所察所感、所思所想即可。

当你按照书中的引导一步一步完成活动探索后,尤其是在完成多个篇章的学习后,你会惊奇地发现,原来那些浓烈的悲喜嗟叹、抽象的念头都不再一闪而逝,而是随着你所付出的令人敬佩的探索努力,实实在在地进入现实世界来影响塑造当下的你,为你浇筑成心智成熟旅途上的坚实路基。

祝你的探索记录之旅幸福愉悦!

2023 年 3 月

目录

第一部　照料情感……………………………………001

　　　　第 1 集　感受的觉察……………………………003

　　　　第 2 集　巧妙"运镜"解烦忧……………………006

　　　　第 3 集　考试焦虑变形记………………………010

　　　　第 4 集　感受遇上奇妙圆………………………013

第二部　修身治学……………………………………017

　　　　第 1 集　方寸中练就专注………………………019

　　　　第 2 集　记忆锚点………………………………023

　　　　第 3 集　目标管理………………………………027

	第 4 集	时间管理 ·················· 030
	第 5 集	精力管理 ·················· 032

第三部　悦纳真我 ·················· 035

	第 1 集	生命的五样 ·················· 037
	第 2 集	奇妙自画像 ·················· 040
	第 3 集	成长平衡轮 ·················· 043
	第 4 集	能力的"光谱" ·················· 045

第四部　生涯之间 ·················· 049

	第 1 集	二十年后的美好一天 ·················· 051
	第 2 集	生涯传记之序 ·················· 053
	第 3 集	生涯地图 ·················· 056

第五部　天人相合 ·················· 059

	第 1 集	我的掌控感 ·················· 061
	第 2 集	翻越心中高山 ·················· 064

- 第 3 集　生活九宫格 ································· 067
- 第 4 集　未知的旅行 ································· 069

第六部　我与他人 ································· 073

- 第 1 集　一次答谢宴 ································· 075
- 第 2 集　我的人际生态 ······························· 078
- 第 3 集　伴行轨迹 ··································· 081
- 第 4 集　"特别同学"录 ······························ 084

后记 ··· 086

第一部

照料情感

第1集

感受的觉察

一、商讨筹备

同学你好！在第一部的第一集，我们希望你首先认识到的一点是，每个人都是有感受的人。你可能会想：这我当然知道。但是我们也希望你认识到，虽然每个人都会有自己的感受，但是当前仍然有相当多的人不善于甚至不会察觉、表达自己的情绪感受。

做个小小的测试吧，假设你在使用手机查看老师布置的课后任务时，你的妈妈误以为你在玩游戏，批评了你。请你谈一谈你此时的感受。

这时候，每个人的回答不尽相同，但是如果你说的或想说的是："妈妈真是太不应该了。""她怎么能这样误会我！""我必须要和她讲清楚！"那么很遗憾，你所表达的准确来讲，都不是情绪感受。

你此时的感受，如果想要准确地表达，需要使用正确的表述情绪的词汇。这时你可能会恍然大悟：原来是这样，我知道表达情绪的词，开心、难过、生气、害怕这些都是。

没错，恭喜你找到了正确的方向。但是这只是一个开始，如果只用几个简单基础的情绪词语，你会发现自己很难描绘那些细微复杂的情感。在这里我们可以挑战一下。请你在下方横线处尽可能多地写出表达情绪的词（不局限于两个字的词语），不要看后文的提示或查阅资料,请坦诚地检测一下自己在"情绪感受"方面的词汇储备量。

_____
_____
_____

如果确实难以想起更新的词,请自行结束这个小的挑战,并浏览一下我们准备的一些表达情绪词汇。

兴奋　喜悦　欣喜　甜蜜　精力充沛　喜洋洋
兴高采烈　感激　感动　乐观　振作　酣畅淋漓
振奋　开心　自信　高兴　快乐　愉快　欢愉　开阔
幸福　陶醉　满足　欣慰　心旷神怡　喜出望外　恬淡
平静　自在　舒适　放松　踏实　安全　温暖　放心　无忧无虑
害怕　担心　焦虑　忧虑　着急　紧张　恐慌
心神不宁　心烦意乱　忧伤　沮丧　灰心　麻木
气馁　泄气　绝望　伤感　凄凉　悲伤　愤怒
烦恼　苦恼　生气　厌烦　不满　不快　不耐烦　嫉妒
恼怒　不高兴　震惊　失望　困惑　茫然　寂寞
孤独　郁闷　难过　悲观　沉重　麻木　精疲力竭
萎靡不振　疲惫不堪　昏昏欲睡　无精打采　身心俱疲
尴尬　惭愧　内疚　妒忌　遗憾　不舒服　忐忑不安

以上这些词虽然不是表达情绪的词的全部,但是对于日常生活的使用情景来说已经比较充足了,可以给你提供一个参考。

如果你愿意留心观察,你可以在生活中的沟通和表达中做一个调研,看看有多少的沟通是在该说感受的时候错说成了内心的想法和评价,最终演化成一个个沟通失败的悲剧。因此我们希望,使用了本书的你能够跳出这个悲剧的循环,从第一步的觉察情绪和表达感受开始。

二、成片记录

请在日常生活中,找到一些发生的事情,对其经过进行简要客观的表述,并表达出你对此的情绪感受。我们提供了10次的训练机会,首次训练请至少完成5个,后续的生活中如果发生了让你感受强烈、印象深刻的事情,也可以用后续的空白进行记录。你会发现,这个看似很笨的训练能最有效地帮你呈现事件的经过和你情感的真实面貌。

例如:这次考试名次进步了,但是数学却考砸了,我的感受是悲喜交加。

1.＿＿＿＿＿＿＿＿＿＿＿＿＿＿＿,我的感受是＿＿＿＿＿＿＿＿＿＿＿＿＿＿＿。
2.＿＿＿＿＿＿＿＿＿＿＿＿＿＿＿,我的感受是＿＿＿＿＿＿＿＿＿＿＿＿＿＿＿。
3.＿＿＿＿＿＿＿＿＿＿＿＿＿＿＿,我的感受是＿＿＿＿＿＿＿＿＿＿＿＿＿＿＿。
4.＿＿＿＿＿＿＿＿＿＿＿＿＿＿＿,我的感受是＿＿＿＿＿＿＿＿＿＿＿＿＿＿＿。
5.＿＿＿＿＿＿＿＿＿＿＿＿＿＿＿,我的感受是＿＿＿＿＿＿＿＿＿＿＿＿＿＿＿。
6.＿＿＿＿＿＿＿＿＿＿＿＿＿＿＿,我的感受是＿＿＿＿＿＿＿＿＿＿＿＿＿＿＿。
7.＿＿＿＿＿＿＿＿＿＿＿＿＿＿＿,我的感受是＿＿＿＿＿＿＿＿＿＿＿＿＿＿＿。
8.＿＿＿＿＿＿＿＿＿＿＿＿＿＿＿,我的感受是＿＿＿＿＿＿＿＿＿＿＿＿＿＿＿。
9.＿＿＿＿＿＿＿＿＿＿＿＿＿＿＿,我的感受是＿＿＿＿＿＿＿＿＿＿＿＿＿＿＿。
10.＿＿＿＿＿＿＿＿＿＿＿＿＿＿,我的感受是＿＿＿＿＿＿＿＿＿＿＿＿＿＿＿。

三、反思蜕变

这一部分安排在全集的最后,是我们认为最重要的部分。对这一部分的阅读和思考能够帮助你对自己刚刚的"成片"有一个合理客观的评价,有助于你的情绪智力更进一步发展。

在刚刚的情绪词汇列举的小挑战中,如果你能在没有辅助的情况下,流畅地列举出20个以上的情绪词,并且覆盖各种类型,我们认为你的情绪体验比较丰富、全面,你的觉察和感知也比较准确;如果在完成时较为困难,建议你平时多留心生活,同时不要忽略自己的内心感受。

由于每个人的经历和感受不同,在"成片"环节我们认为只要你的事实描述得比较客观真实,没有把评论当成观察到的事实,同时也较为准确地表述出自己的情绪感受,就是有效的探索和训练。这样的练习看似简单枯燥,却是你们心智成熟路上不可或缺的基础。时不时地复盘和自如地使用,会对你自身的情感把控和未来的人际沟通大有裨益。

巧妙"运镜"解烦忧

一、商讨筹备

同学你好,经过了第一集的探索,你可能已经对本书的结构和模式有了一个简单的了解。我们希望在这一部分和你进行商量与沟通,并将我们想要完成的内容告知你,尽可能让我们的方向和理解达成一致,共同体验,共同成长。

本集中,你将会化身为一个专业的内心"摄影师",并且在一次次巧妙的"运镜"(摄影师通过运动镜头调整画面内容的技术)过程中,为处在困扰中的自己,缓解强烈的情绪感受,并探索更多的"视角"与可能。

在本次的"成片"创作中,请你一定对自己真诚,并拿出直面自己、探索自己的勇气,相信在"成片"完成之际,你会有一些全新的思考与感悟。

二、成片记录

首先,请你回顾近期最让你苦恼的一件事情,仔细想想你对这件事有怎样的想法和态度,有怎样的冲动和倾向,有怎样的情绪感受,以及关于这件事情你想要表达的其他内容。你可以不局限于格式,关于这件事任何想说的话都可以大胆地说出来。前提是你要用第一人称"我"作为主语来表述这些内容。

例如:我最喜欢的玩具找不到了、我找了好久都没有发现、我又生气又后悔、我真不应该把它随手一放、送给我玩具的好朋友肯定对我很失望。

  我_____

_____

_____

_____

相信你在完成这部分内容的时候,仿佛又回到了那个令你困扰痛苦的情景里,这说明你的探索十分到位。接下来,请你将刚刚用第一人称"我"表述的内容,再用第二人称"你"来表述一遍。(请不要猜测、推断这些探索的目的,也不要怕麻烦,有畏难情绪,认为重复写字没有必要,集中精力按引导完成探索即可。)

  你_____

_____

_____

接下来,请你继续保持状态,将刚刚用第二人称"你"表述的内容,再用第三人称"他"来表述一遍。

  他_____

_____

_____

到这里,相信你已经注意到了,如果按引导去完了三个部分的表述,你在感受上、思维上都会有一些细微的松动和变化。我们暂且不去探究这些变化的原因,请在上述内容的基础上,完成最后部分,表达当下的你对于表述中"他"的祝愿。无须刻意达成什么目的，真诚地表达自己的祝愿即可。

　　祝愿他 _____

_____

_____

　　至此，你用语言、情感创造出的"虚拟镜头"完成了令人惊叹的"内在"创作，原本看似无解的困扰和痛苦在你的转换之下出现了一些细微的松动。再后来，你可能会感觉情绪没有那么激烈了，冲动也没有那么强烈了，你的问题好像从自己身上被拿走了，等等。最后，你甚至可以用一些祝福来安慰那个困扰中的你。

　　诚然，外界的客观环境、引起你困扰的实际情况都不会因此改变，但是我们想要告诉你，人所面临的所有痛苦和烦恼，客观环境激发的只是一部分，而且可能只是一小部分，更多的是由我们的思维方式和价值观念带来的。当我们巧妙地"运镜"，将人和问题分开，你会发现，问题远没有那么强大，都有解决的可能。

　　最后，我们在下方留有一些空白的区域，为你提供三次"运镜"的机会。希望你在未来遇到了比较大的痛苦和烦恼时，仍能够保留一丝念想，使用这个工具走出困境，缓解烦恼，看见解决问题的希望与力量。

　　我 _____

　　你 _____

　　他 _____

　　祝愿他 _____

　　我 _____

　　你 _____

　　他 _____

祝愿他

我

你

他

祝愿他

三、反思蜕变

语言是思维的边界。语言可以帮助我们组织思维,调动情感。在这集中,当我们用第一人称的时候,我们可能有身临其境的沉浸感,悲喜情感都格外浓烈;切换到第二人称,可能感觉在描述和你对话的人所经历的事;用第三人称时,可能就像在谈论一个内心离我们更远的他人。问题在一步步从我们身上远离,你可能会感受到心境的平复,同时恢复客观合理地看待事情的能力。

同时,最后一个"祝愿他"的环节,你可能会在压力中唤醒自己内心温柔良善的一面,做到有效地自我关爱。要知道,这样的温良柔软和感同身受是很难在压力应激下出现的。完成这一步相当于你在用自己的力量激励自己,难能可贵。

最后,这样的探索同样要秉持真诚的原则,要用心觉察自己的变化,重视自己日常生活中的情绪体验,从而找到合适的探索目标。

探索过程中,要少猜测,少顾虑,多用身心体验,少用功利化、解题化的单一思维。实事求是,真诚投入,就能很好地完成这一集的"纪录片创作"。

第3集 考试焦虑变形记

一、商讨筹备

同学你好,通过前2集的探索和记录,你可能逐渐发现,本书的很多任务都和自己有极大的关联,我们都要把目光投向内心深处,探索发现内心的一步步"足迹"。

今天也不例外,我们非常好奇你与你的考试焦虑相处得如何。既然我们说相处,那么相处是相互的,肯定要有另外一个主体,我们才能做到相处。所以我们就尝试把你的考试焦虑邀请到现实中来。

既然是邀请,那么不管邀请的形式如何,我们都要先有邀请的态度,就是我们能够允许它存在,允许它出现。这是非常重要的心态准备,希望你能先在心里过这一道坎。

另外,考试焦虑作为一个抽象的情绪,需要我们使用内心的独特力量帮助它来到现实世界。清代文学家沈复在《童趣》中写的童年趣事,告诉了我们这个力量的真谛,"夏蚊成雷,私拟作群鹤舞空。心之所向,则或千或百,果然鹤也"。

其实,我们的"心之所向",就是抽象情感以具体的形象出现在现实中的"变形"之术。

二、成片展示

接下来,请你用你的"心之所向",将你的考试焦虑邀请到后面的方框内。想象一下它可能会是什么样子,并将它的样子在纸上呈现出来。在绘画的过程中,可以不用纠结是否画得好看,是否画得漂亮,真实地去呈现你认为的样貌就可以。

创作完成后,你还需要给你邀请出的考试焦虑取一个名字,并且简单介绍一下它为什么会呈现出这种样貌。

最后,如果它能够听懂你的话,你会对它说些什么?说说自己心里真实的声音。

三、反思蜕变

相信敏锐真诚的你到这里已经发现,无论你创作出的形象如何,这其实都是你内心对于考试的情感态度的投射。面对这本书的是你,图上呈现的其实也是你。在本集的创作中,一直推着你向前走的其实是你强有力的内心,是你面对自己的真诚和坦然,是你对于自我的善意和理解。

诚然，无论是面对考试抑或是人生中其他的困难挑战，我们的焦虑感几乎很难彻底摆脱。这可能是个悲哀的现实，但也有可能是一个难得的启示。它的珍贵之处就在于，一旦我们真正想通并接纳了这个现实，就能从压抑和内耗中解脱出来，投入到真正值得的事业中去，实现自我的超越。

具体来说，就是当我们开始允许它存在，看见它，理解它，和它沟通，甚至送上一句简单的祝福后，我们就有可能释然，就不会再对人生当中的那些难以掌控的不确定性耿耿于怀。尽管这些解脱和释然可能只有短短一瞬，但我们坚信，只要点燃过，就有星火燎原的希望！

看不见老鼠

特点
永远不会为了该紧张的东西紧张，只沉浸在自己的小世界，深埋于所爱的二次元和无脑爽文中。

我想对Ta说
"从玩乐的深渊中爬出来——面对焦虑……"
"把掩埋在快乐里的心情放在一边，起来学习！"

作品示例

第4集 感受遇上奇妙圆

一、商讨筹备

同学你好！在上一集中，你学会了觉察、接纳某一种可以言说的具体感受（如焦虑），期待未来的你能够继续物化感受，与感受对话。然而，有些时候，你会感到语言是苍白无力的，内心复杂的感受很难描述，说不清道不明，剪不断理还乱，愈是去想愈是凌乱。此时如果让你物化感受，很可能是一团乱麻。

不知你在生活中是否有这样的感受：当你处于一个脏乱的房间里时，会感到心烦气躁，而对房间进行大扫除后并欣赏劳动成果时，你就会发现自己的心情逐渐明朗起来。房间恰好可以比作人的心情，如果人的心情处于混乱状态，就需要借助工具让自己的心情重新回归到平衡有序的状态，而曼陀罗不失为一个有效的工具。

本集中，你将专注于此时此刻，没有过去的烦恼，也没有未来的期待，心神专注于画笔，架起意识与潜意识的桥梁，解决一些无法用语言解决的情绪问题，释放负面情绪。

在"成片"记录开始前，请你为自己创造一个无外界干扰、安全的环境，确保不会有人在你专注时打断你，同时为自己准备好涂色工具(蜡笔、彩铅、水彩笔均可)，这两点作为前期准备十分重要。我们可以共同期待，在你完成"成片"之际，你会感到"轻松多了"。

心灵深处的安全感每当遇上奇妙的曼陀罗，总会得到或多或少的充实。

二、成片记录

第一步，静在呼吸之间。

请用你觉得舒适的姿势坐好，调整你的呼吸，用鼻子缓慢地、深深地吸气，感受到腹部隆起，仿佛藏了个气球。你觉得气球无法再变大了，便屏住呼吸3秒钟，心里默念：1、2、3。然后用嘴巴缓慢地吐气。如此重复3遍。

第二步，先思后涂色。

曼陀罗中的外侧边界是一个大圆，如同一个屏障，它会保护着你的感受不受外界侵扰，同时也保护着你不会被自己太多的想法干扰。

花1~2分钟端详你的曼陀罗，看看它由什么样的图案镶嵌而成，是有结构的意象，如花、轮子、星星、太阳、月亮等，还是无结构的意象，如三角形、方形、圆形、十字等。

在细细察看的过程中，相信你会发现，曼陀罗是对称的、规则的，是由中心向四周发散的。

接下来，请挑选你觉得舒服的颜色为你的曼陀罗涂色。一直以来，我们会告诉每一个尝试曼陀罗涂色的人，它是一种随心的创作形式，不需要考虑美感，关键在于你是否用笔表达了自己的感受。唯一需要考虑的是整个画面是否让你感到舒服。

当你明白了这是一个轻松又简单的涂色,就请对你的曼陀罗进行涂色。颜色涂满或留白,都是允许的。

第三步,悟在"成片"之际。

先前的曼陀罗线稿像是一个故事的开端,你对色彩的挑选与搭配、涂色时的顺序、涂色的轻重缓急,都是这个"故事"的走向。如今,"故事"已停止。我们一起回头看一看你的作品。

为你的作品起的主题名是:＿＿＿＿＿＿＿＿＿＿＿＿＿＿＿＿＿＿＿＿＿＿＿＿＿；

驱使你完成创作的原因是:＿＿＿＿＿＿＿＿＿＿＿＿＿＿＿＿＿＿＿＿＿＿＿＿

＿＿＿＿＿＿＿＿＿＿＿＿＿＿＿＿＿＿＿＿＿＿＿＿＿＿＿＿＿＿＿＿＿＿＿＿＿；

你的作品让你联想到的是:＿＿＿＿＿＿＿＿＿＿＿＿＿＿＿＿＿＿＿＿＿＿＿＿

＿＿＿＿＿＿＿＿＿＿＿＿＿＿＿＿＿＿＿＿＿＿＿＿＿＿＿＿＿＿＿＿＿＿＿＿＿

＿＿＿＿＿＿＿＿＿＿＿＿＿＿＿＿＿＿＿＿＿＿＿＿＿＿＿＿＿＿＿＿＿＿＿＿＿；

此时此刻你的心情和感悟:＿＿＿＿＿＿＿＿＿＿＿＿＿＿＿＿＿＿＿＿＿＿＿＿

＿＿＿＿＿＿＿＿＿＿＿＿＿＿＿＿＿＿＿＿＿＿＿＿＿＿＿＿＿＿＿＿＿＿＿＿。

至此,你或许会直接跳过写下感悟的环节。感悟和思考是一个内省的过程,它能够更好地帮助你启发智慧,帮助你更从容地面对生活。因此,"悟"的作用并不亚于绘画的过程。我们邀请你在绘画后尽可能地写下感悟,这样你的认识才会不断加深。如果你已经完成所思所悟才阅读到这段话,那么请接受我们对你的真诚表扬:真聪明!

三、反思蜕变

曾有学生留言:"涂抹的过程中,我发现曾经压抑在深处的负面情绪被唤醒,这一块涂成黑色,代表自己这两年太多的苦与泪。完成以后,我感觉这些负面情绪好像都被留在了纸上,而我轻松多了。"不知你是否受到启发,开始思考,你所涂抹的颜色代表了何种情绪。也许存在这样的关系,红色引发热情、活力、希望,黄色联想温暖、力量、神圣,蓝色引发平静、开阔、放松,橙色联想喜悦、能力、智慧,黑色引发神秘、无奈、恐惧,等等。其实颜色与情绪的对应关系并没有固定的说法,一切都是你以故事讲述人的角色在赋予颜色的意义。

在前面提到,绘画曼陀罗的过程如同对心灵的清扫,就好似在日常生活中清扫杂乱的房间一般。在曼陀罗的大圆里进行涂色,所使用到的每一种线条、颜色,都是来自心灵深处的符号。透过外在的符号形式来表达内在的情感,可以帮助我们整理混乱的精神空间,恢复内心的平衡与秩序,给自己提供更多的力量。

最后,我们相信每个人均有与生俱来的治愈能力,可以自我引导。在将来的生活中,如果你有需要,可以翻看回忆你曾经在曼陀罗上留下的感受。同时我们在此为你留下空白的曼陀罗大圆,邀请你创作融入了个人理解的曼陀罗作品,主题可以是诸如亲子关系、朋友关系、情绪调节、自我成长等方面。

第二部

修身治学

第1集

方寸中练就专注

一、商讨筹备

同学你好,我们今天进行一部新"心理纪录片"的拍摄创作。这一部"纪录片"中,我们主要关注的是学业中的一些内容。这部分内容相对来说在趣味性和个性化方面并不突出,有些探索甚至可以说比较简单枯燥。但是,如果你能够投入其中,按照引导完成训练,相信你会有一些新的收获和进步。

在本集的舒尔特训练中,希望你能够在轻松自在的状态下,循序渐进地开展训练。切记不要抱有功利化的目的。本书中的任何训练都不能一劳永逸地解决所有的问题。

二、成片记录

接下来,我们会在下方为你呈现一个大方格,里面分为25个小格。每个小格中有一个数字,1—25这25个阿拉伯数字坐落其中。你需要用手或者笔头指着相应的数字,按顺序依次找到并读出数字(自习课时可以默读),同时记录所用的时间。

8	7	18	22	4
19	25	16	3	13
17	5	11	20	21
23	12	24	1	10
2	15	14	6	9

时长:_____

通常来讲,如果你能准确地在16秒内读完,代表你的专注水平优秀,23秒左右读完是中等水准。如果超过36秒才能完成,那你可能需要更加充分的练习。

一次训练无法形成有效的反馈,我们在下方为你准备了12个5×5的舒尔特方格,你可以结合自己的情况制订一个小计划,在两周内完成这些表格,并在每个格子下方标记所用时长。

14	1	16	2	19
4	12	10	23	7
5	24	17	20	18
25	15	11	22	6
3	21	13	8	9

时长:_____

25	16	9	11	4
5	6	20	23	14
1	10	22	7	2
19	17	3	24	21
8	15	12	18	13

时长:_____

2	7	20	3	25
16	21	10	12	4
24	22	13	18	19
5	11	1	6	23
9	8	17	15	14

时长:_____

21	13	22	4	1
2	18	19	9	7
5	25	23	17	3
12	11	10	24	8
16	6	14	15	20

时长:_____

19	11	21	5	14
2	9	13	16	4
6	1	12	20	18
8	15	10	23	7
24	3	22	17	25

时长:_____

8	7	11	9	5
18	3	15	13	10
22	14	23	21	12
24	19	17	2	25
16	6	1	4	20

时长:_____

6	4	19	12	3
24	7	23	21	1
18	20	2	10	11
17	25	14	16	15
22	9	5	8	13

时长：_____

20	23	16	6	2
5	13	10	1	4
24	12	9	25	21
8	15	7	17	3
19	18	14	22	11

时长：_____

2	9	12	7	3
1	16	15	22	21
4	6	13	17	8
20	19	23	11	25
5	10	14	18	24

时长：_____

16	9	20	8	25
11	22	3	12	17
6	21	1	19	7
4	15	2	5	24
18	23	13	10	14

时长：_____

25	11	8	7	9
1	21	14	22	20
12	19	5	4	23
2	13	10	24	3
6	18	15	17	16

时长：_____

6	18	5	15	3
16	9	7	19	8
17	10	20	22	13
12	4	2	24	23
21	1	14	11	25

时长：_____

同时，舒尔特方格还有更多的呈现形式，你可以尝试尽快完成后续内容并做计时。比如我们可以增加格子的数量。

6	24	9	17	12	31
19	7	32	27	5	3
28	33	8	4	10	26
21	13	20	2	1	11
18	25	35	29	23	15
22	30	34	16	14	36

时长：_____

或者我们将小格子中的数字换为耳熟能详的古诗词。(每个大方格中会多8个与原诗词无关的字,用来增加难度)

行	里	吴	含	山	窗
鸣	门	个	远	秋	泊
西	寒	上	柳	白	径
石	东	到	两	翠	天
鹭	斜	岭	黄	雪	客
鹏	千	一	船	青	万

用时:＿＿＿＿

开	青	声	对	孤	东
两	水	帆	州	江	门
至	中	万	流	岸	片
一	重	日	天	猿	轻
相	来	舟	楚	此	碧
出	边	断	万	山	回

用时:＿＿＿＿

杯	光	战	来	夜	古
沙	风	醉	日	暮	场
萄	笑	大	杏	琵	上
洒	美	莱	几	吹	莫
琵	催	马	卧	回	欲
人	君	征	饮	葡	酒

用时:＿＿＿＿

崔	几	宅	寻	常	是
南	王	春	江	又	晚
节	逢	正	风	前	闻
雨	来	九	树	带	急
里	见	度	花	岐	景
君	堂	好	时	潮	落

用时:＿＿＿＿

三、反思蜕变

经过体验和训练,现在你的感受如何呢?是否感受到了自己的专注力被有效地训练了?如果将每一个训练都完成且记录了时间,我们认为这一次次可视化的训练结果就是你这集"成长纪录片"中最佳的一幕了。

像这样比较简单的训练如同石头磨刀,通过合适强度的练习以及循序渐进地重复,相信你的专注力这把刀会越磨越锋利。

在你完成这个小训练的过程中,你可以锻炼注意力的稳定性与灵活性,扩大注意力的范围。长久坚持,甚至你的视神经末梢和大脑相关区域,都会得到一定的训练。

中国有句古话叫作"磨刀不误砍柴工",适当地对我们的专注力进行有针对性的训练,有助于我们更好地完成学习任务。我们还想再次温馨提醒你,在进行类似训练的时候,记住欲速则不达。每天用放松的心态做5到10分钟即可,最长也不要超过半小时。每次做完后也要记得休息,放松眼睛哟。

第2集 记忆锚点

一、商讨筹备

同学你好！在上一集中我们体验并知晓了自己的注意力像肌肉一样，能够通过训练变强，但通过训练可以变强的不只有我们的注意力，还有在学业方面同样重要的另一点——记忆力。

无论是天赋异禀的记忆大师，还是一个刚刚入学的"新手小白"，所有人的记忆过程都是用自己的方式在大脑中创造连接。区别仅在于创造连接的方法是否得当和方法是否能够熟练地运用。

"记忆宫殿法"是当下非常热门的一种记忆技巧,你可能听说过这种较为复杂的方法。诚然,想要熟练掌握需要系统且长期的练习,但今天我们不妨先来体验一下简化的版本。

我们对自己的身体再熟悉不过了,以至于闭上眼睛我们就可以从上到下扫描自己的身体部位,例如:头发、嘴巴、肩膀、腹部、大腿、脚掌等等。我们将这些我们非常熟悉、可以在脑中轻松还原的事物称为"锚点"。这里,我们使用身体部位作为锚点,利用这些锚点来帮助我们尝试记住"黄道十二宫"。

锚点	记忆材料	关联
头发	白羊宫	"羊毛就像白头发"
眼睛	金牛宫	"一头眼睛闪着金光的牛"
耳朵	双子宫	"每个人都有一双耳朵"
嘴巴	巨蟹宫	"一口吃个大螃蟹"
脖子	狮子宫	"狮子捕食先咬脖子"
肩膀	室女宫	"肩膀上坐着一个小女孩"
胸口	天秤宫	"胸中有杆正义的秤"
手掌	天蝎宫	"掌心被蝎子蜇了一下"
大腿	人马宫	"人拥有了马的大腿"
膝盖	摩羯宫	"摸摸膝盖这个关节(摸节)"
肚子	宝瓶宫	"肚子大得像个大水瓶"
脚掌	双鱼宫	"脚下踩着两条鱼"

我们可以发现:我们要记忆的材料(黄道十二宫)通过我们设定的关联,与我们熟悉的锚点(身体部位)相连接,记忆变得简单许多。当然,锚点选多少、选哪些取决于我们对锚点的熟悉程度,锚点与记忆材料之间的关联则是凭借我们的想象创意出来的。

二、成片记录

其实除了我们的身体部位,我们平时上学放学路过的建筑、我们家里自己的房间摆设、平时上课的教室陈列等都能成为锚点。现在请你先选择一份需要记忆的文本,抄在下面做好准备。

_____
_____
_____
_____

接下来,你可以闭上眼睛,选择一处你非常熟悉的场景,像第一次进入到这个场景里一样,慢慢扫描四周,觉察一下这个场景里的哪些事物吸引了你的注意,将这些事物作为锚点整理到下面的表格之中。

锚点	记忆材料	关联

确定好锚点之后,再将记忆材料与各自的锚点相关联。在关联的过程中,不用担心毫无逻辑甚至略显荒诞,有时候出其不意反而会令你印象深刻。

完成上面的表格后,非常重要的一步,就是再次闭上眼睛,回想你刚刚用到的所有锚点,体会一下它们与记忆材料的连接是否紧密。如果某个连接比较"松动",我们可以不断地修改完善,直到关联变得轻而易举。

三、反思蜕变

最初尝试这个方法,你可能会感到"还不如最简单的方法来得实在"。我们知道,无论是多么行之有效的记忆方法,都需要大量且持续地进行刻意的练习。当然,你也可能拥有了一套"独门秘诀",甚至你对这套秘诀无法言明,它只对你自己管用,这都是可以的。因为就记忆方法而言,没有任何一种是放之四海而皆准的,简言之:没有最好,只有最合适。

锚点
水杯

记忆材料
举杯邀明月,对影成三人。

关联
月亮倒映在水杯中。

作品示例

第3集 目标管理

一、商讨筹备

同学你好,感谢你一路来到这里!现在,我们想和你聊聊行动力这一话题,并且想把本集与后续两集汇总成为一个小系列,姑且称为"行动至上"。明代哲学家王阳明认为人要"知行合一",积极心理学家塞利格曼也称"幸福有一半是在脖子之下的"。行动不光能为个体带来成果,带来转机,更会带来幸福感,这样一举多得的事情何乐而不为?没错,问题就出在这个"不为"上。

相信我们都有过"拖着不想动""懒得做""知道有好处但就是不这么干"的经历。一个人在行动力低下时,总能够找到"合理的理由"为自己的"不为"开脱,但无论这个理由听起来多么"有理有据",最后承担"不为"后果的依然是自己。因此,我们希望用第三集的时间,为你在跨越知与行之间的鸿沟时助一分力。

首先,我们想和你聊聊行动中的目标管理。

回想一下,你有多少次在考试成绩不尽如人意时暗下"下学期我要再努力一些"这样的决心,或是定下"我要瘦成一道闪电"这样的目标。很多时候,我们看似行动很有方向感,但那个方向只是一个方向,而不是一个目的地。

"短期目标/长远目标"这样的分法看起来过于刻板绝对,而且目标本身也是动态存在的,因此我们向你推荐"逆推法"和"SMART法",分别衡量目标的步骤和有效性。

假设你是高一刚刚入学的新生,你的理想大学和专业是北京师范大学的心理学专业,那么"逆推法"就是:推算如果在高三期末分数能达到院校专业的录取分数线,那么高二下学期的期末成绩至少要高出一本线70分;要做到这一点,高一升高二选科后相应的学科要做到没有明显的短板,甚至还要在某一学科有相当大的个人优势;相应地,在高一的一年中要做到所有学科不能出现"瘸腿"的情况,且要慢慢发掘和积累个人优势,以待厚积薄发。

由此可见,逆推法就是"以终为始",确定每个阶段要达成的目标。

在确定了阶段性目标之后,我们可以用"SMART法"来衡量目标是否合理有效。SMART分别指的是:

S(Specific):目标要明确具体;

M(Measurable):目标可用数据来衡量;

A(Attainable):目标对自身来说要是可达成的;

R(Relevant):目标之间要有相关性;

T(Time-based):目标达成要有明确的期限。

二、成片记录

下面的"目标自查表"可以帮助你厘清自己想做的事情。

目标自查表

我要达成的目标是＿＿＿＿＿＿＿＿＿＿＿＿＿＿＿＿＿＿＿＿	
那么,我需要在＿＿＿＿＿＿做到＿＿＿＿＿＿＿＿＿	
那么,我需要在＿＿＿＿＿＿做到＿＿＿＿＿＿＿＿＿	☐ S(明确的) ☐ M(可衡量) ☐ A(可达成) ☐ R(相关的) ☐ T(明确期限)
那么,我需要在＿＿＿＿＿＿做到＿＿＿＿＿＿＿＿＿	
那么,我此时此刻要做的是＿＿＿＿＿＿＿＿＿＿＿＿＿	

在上面的表格中，目标不一定非要是十分宏大遥远的，也可以是每月、每周、每天甚至是几个小时内要做的事情。即便是一件非常细小的事务，我们也可以把它细分成每步都能轻松达成的、阶段性的、可以立即去执行的步骤。

三、反思蜕变

据说作家斯蒂芬·盖斯为了养成好习惯，要求自己每天只做一个俯卧撑、每天只读一页书、每天只写50个字，这种无负担的习惯养成法最终促使他拥有了良好的身材，养成了阅读的习惯，还写出了自己的书。他本人声称："之所以能坚持下来，是因为这种方法简单到不可能失败。"完不成自己的目标，很大一部分原因在于你只知道终点在哪里，却并不清楚第一步怎么迈出去。如果之前你饱受拖延症的困扰，那么就尝试着把你的目标再次分解，分解成再简单不过、现在就能做的事情。祝你成功！

第4集

时间管理

一、商讨筹备

同学你好！上集中我们讨论了目标如何制订得更加有条理和有效果，不知道你有没有发现，目标管理在某种程度上是以时间为标尺，标注每个时间点上要得到哪些结果，而时间管理则可以视为时间点之间要做的事情。安排自己的日程是一项技术活儿，如果单纯将自己需要做的事情一件件放置到每个时间单位中，那么你得到的清单仅仅能够提醒自己还有哪些未完成事项，并不能让你的时间发挥最大的效用。

相信你一定听说过"时间管理四象限"，即把需要做的事情按照"紧急""不紧急""重要""不重要"分成四类，这种时间管理原则强调：我们需要把更多的时间放在"重要且不紧急"的事项上，才能更从容、更可持续地利用自己的时间。这种分类方法有一个基本假设，就是把我们人看作对每件事都能保持足够理性的个体。然而，我们对任务也会有偏好上的差别，这与紧急与否或是重要与否都不相关。因此，我们将为你提供一个新的视角，引入两个新的概念：一个是"半衰期"，你可以这样理解这个词语——一件事情对自己产生影响的时间长度，半衰期长则意味着这件事情影响深远，半衰期短则意味着这件事情对你产生的影响会相对较快地消失；另一个是"收益"，指的是完成这件事情能够给你带来的价值高低，价值可能是物质上的，也可能是精神上的。

二、成片记录

现在,请你设定一个时间单位,可以是1小时、1天、1周或是更长。将这个时间单位内要做的事情整理出来,并为"半衰期""收益"和"偏好"由0到10赋分。

事项	半衰期	收益	偏好	总分
(例)刷抖音	2	6	7	15
(例)健身	7	7	5	19

将事项的总分由高到低进行排序,我们可以得到一个做事先后顺序的参考,而各事项的分值比例,也可以作为在一个时间单位内占用时间比例的参考。

三、反思蜕变

很多人在时间管理的过程中有一种误区,就是想尽可能让"整块"的时间与"完整"的事项相对应。然而在实际操作时不难发现,很多事项可能需要"打碎"放到"碎片化"的时间当中,因此,我们一方面要接纳这种灵活且动态的时间管理状态,另一方面要有时间管理的大局观,即"我要先做哪些事""我大致花了多长时间在某件事上"等等,做到"外有从容,内有方寸"。

第5集

精力管理

一、商讨筹备

同学你好！不知道你有没有过类似的经历：目标定得很合理、计划也在按部就班地进行，但行动过程中的感受差异非常大，有时候如鱼得水，甚至能体会到"心流"的状态；有时候却难以专注，事情也做得十分机械，甚至"无心做事，只想躺平"。这并不意味着你缺乏意志力，可能只意味着你需要精力管理。

我们知道一年有二十四个节气，这是劳动人民通过观察四季气候变化总结出的指导农事的行动指南。简要来说，就是在适合的时间做适合的事情。我们的身体亦是如此，在一天二十四小时内也有着自己运转的规律和风格，如果一味地按照自己的主观意志去决策和行动，不顾身体的运转规律和反馈信号，时间久了，你的身体也会"罢工"。

在一个时间单位中，你的状态会有相应的波峰和波谷，如果视时间为横坐标、你的状态为纵坐标，以一天为例：

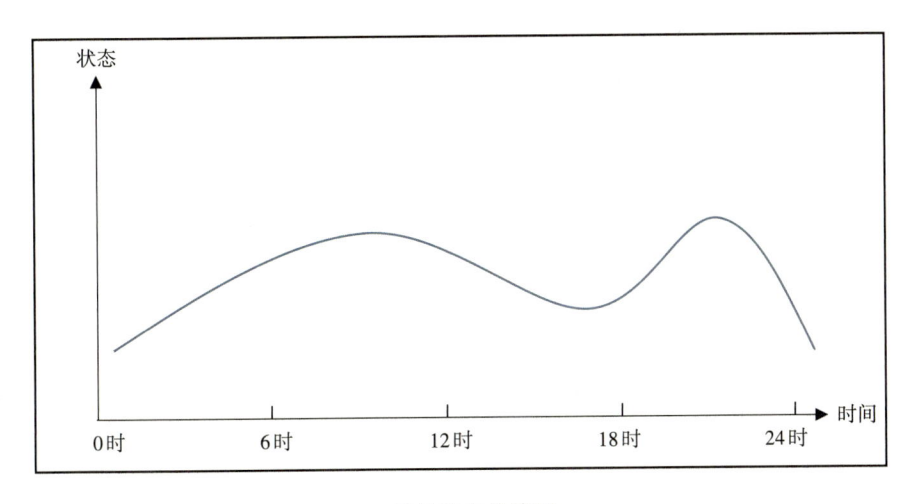

一天的状态趋势图

当然,每个人的波峰和波谷的位置都不相同。你需要像一个指挥家一样,掌握你"身体乐章"的节奏起伏。精力好的时候,选择重要的、有挑战性的工作;精力不好的时候,选择相对简单的、低认知负担的工作。

二、成片记录

现在,我们希望你能养成觉察自己状态的习惯,选择一个时间单位(天、周、月),绘制你的"状态趋势图",横坐标自拟,纵坐标就是你的"综合激活指数"。如果你需要一个更加可操作化的指标来衡量,你可以先完成下面的表格:

时间节点	身体激活指数	心理激活指数	综合激活指数
(例)起床后	7	4	11
(例)午饭后	5	5	10

上表中"身体激活指数"是指身体的兴奋程度,"心理激活指数"是指精神上的兴奋程度,均以1~10分评分,"综合激活指数"是前两者之和。

从节点角度来说,精力起伏的波峰和波谷不仅仅出现在某个时间点,有时还出现于某个具体事件中,如:换上睡衣之后、吃饭之后、回家之后等。

下面请绘制你的"状态趋势图"。

状态趋势图

得到自己的"状态趋势图"之后,可以结合目标管理和时间管理,将综合激活指数高的事项安排在波峰阶段,而波谷阶段可以先休息、放松,或是做低认知负担的事情。

三、反思蜕变

精力管理提醒我们,不仅要有主观能动性,还要遵循客观的身体规律,顺势而为。探寻自己的"身之道",有助于你找到并记住好的身体状态,在紧急时刻可以自动调用。当然,在探索过程中你可能会遇到很多阻力,比如一直得不到一个精确有规律的结果,或是在一段时间过后忽视对自己状态的觉察,这些都是正常的,探索过程本身也需要投入,也有好的时候和不太好的时候。有时候,接纳不确定并坚定地持续做一件事,要比得到一个所谓好结果重要得多。

第三部

悦纳真我

第1集

生命的五样

一、商讨筹备

同学你好！这一集我们将来到新的领域，领略不一样的风景。这一章我们的主题叫作"悦纳真我"。"悦纳真我"并不是件容易的事。生活中我们常常会有很多不如意的事情，也时不时对自己有许多不满。我们从小接受的教育，常常要求我们反省自己的缺点，当你自己感觉良好的时候，父母或者老师也常会提醒你，你还有很多缺点，不要自满。

我们无法否认自身不足的存在，但这都不是我们悦纳自我的障碍。欢悦地接纳真实的自我，尽管自己有缺点，尽管当前暂时不完美，没有获得成功，但仍然坚信自己值得被爱,并永远认可、关爱这个可能永远不会完美的自己。当然,可能未来的某天,你会发现所谓的"完美"终究无法实现,但是你在探索、游历人生的旅途中,早就有了足够坦然悦纳的收获。

在本集中,希望你能将真诚投入的状态一直持续下去。如果过程当中的一些内容让你感觉到陌生,你也可以选择暂时保留记录的机会,等到自己觉得放松时,才开始记录相应的内容。

二、成片记录

接下来,请将你认为的生命中最重要、最珍贵的五样东西写在后面的方框内,顺序不分先后。

这五样东西,可以是实在的物体,比如食物、水或钱,也可以是人和动物,比如父母、朋友、同学或狗。可以是精神的追求,比如理想与信仰,也可以是爱好和习惯,比如旅游、音乐或写作。可以是抽象的事物,比如逻辑或哲学,也可以是具体的物品,比如一个瓷瓶或一组邮票。总之,你可以天马行空地想,只要把你内心最珍贵的五样东西写出来就可以了。不必思来想去,左右斟酌。脑海里涌出什么念头,就提笔把它写下来。最先涌出的想法,必有它存在的深刻理由,如实记载即可。

当你完成了上述内容后,请选择保留其中四样,将其中一样划去。请注意,当你划去后,就意味着在你生命中这样东西将永远不会出现。请不要用某些逻辑的设计来规避取舍。例如,保留的四样中有一项为"我所在意的所有东西",这样的记录将无法达成我们记录的真实目的。

此时,想必你应该猜到了后续的流程。请你逐一选择划去,直到留下最后两样你最珍视的东西。

在完成了整个活动后,你经历了并不容易的取舍抉择,请坦诚自在地谈谈你的感受和想法。

_____
_____
_____
_____
_____

三、反思蜕变

人生很长,每个人的人生各有不同。我们想说,这样的探索不是让你真的放弃生命中珍视的东西,而是希望通过这样假定的取舍让你知道你在内心深处更重视的是什么。换句话说,这个活动一定程度上可以帮助你觉察到自己的价值观。

当然,价值观和人生观的探索都是很漫长宏伟的命题,你无法通过一个简单的探索就圆满完成。这次记录更像是一个开端与提醒,告诉你在未来的人生中做符合内心的选择与行动。此外,随着年龄的增长、经历的丰富,你在意的东西都有可能出现变化,这是很正常的事情。

最后补充:本集记录的创意来自毕淑敏老师的散文作品《我的五样》,原文也是非常触动人心的,推荐去阅读,相信你会有更多的收获。

第 2 集

奇妙自画像

一、商讨筹备

同学你好！当你慢慢对这部"心理纪录片"熟悉之后，你可能会发现有些探索创作不只是需要你用文字和语言表达，有时候还需要想象力，需要把语言和行动关联起来，需要通过绘画来呈现……咱们常说的一句话"言有尽而意无穷"，指的是语言在传达内容上有它的局限性，因此在探索记录内心世界时，我们不妨打开思路，让形式更多元，更有趣。

本集我们的探索也将采用绘画的形式，而且同样重视真实的呈现，不需要刻意追求画得好看，能够如实表达出自己想呈现的内容即可。

二、成片展示

接下来,让我们再次调整自己的身心,找到一种随性自在的涂画状态,来完成一幅属于自己的"奇妙自画像"。这个自画像的独特之处在于,你不需要描摹自己的外在形象,而是选择另外的事物来隐喻自己。事物可以是一个,可以是许多;可以是现实存在的,也可以是虚拟想象的;可以是某个个体,也可以是某些画面情境。总之,你可以自由创作,画出与你自己感觉契合、准确的自画像即可。

在完成自画像创作之后,你可以在下方横线处简单记录你这样创作的理由,以及自画像中呈现出的最奇妙、最独特的部分。形式、字数没有要求,将内心真实的想法与感受表达出来即可。

_____
_____
_____
_____
_____

三、反思蜕变

感谢你的精彩创作。在本集中,我们认为并不是画得越好看就越符合本集创作的内核,重点在于你创作出的自画像与你自己内心世界的契合与连接的程度。可能有的同学画得精美,内心却少有触动;也有的同学只画了寥寥几笔,却觉得这样的画面高度概括了自己。

对于画面的评价，也没有一个固定的标准，主要衡量你在本集的创作中是否达成目标。如果创作中和完成后你能感受到自我探索的乐趣或者你的自画像带给你反思，那么我们相信本集中你的收获已经足够多了。

当然，也有可能你在这个过程中想了很多，但是仍然没能创作出让自己满意的自画像，这没关系，因为不同的人内心发展程度是不同的，一幅短时间创作的自画像也很难完整地展示你的内在自我。只要你对自己的觉察探索不停，就一定会有时时领悟的惊喜。

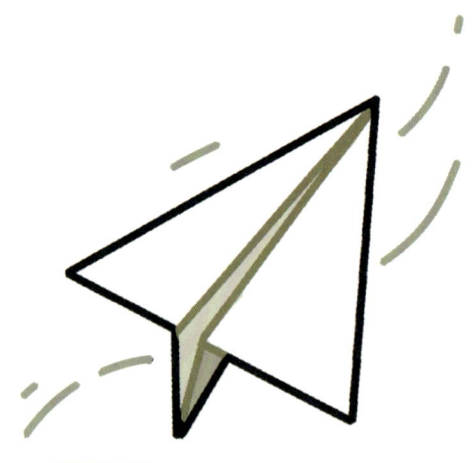

创作理由

纸飞机总能让我回想起和同学在课间玩耍的欢乐时光，所以我选择纸飞机作为自画像。希望我能保持一颗热爱生活的心，始终有好友相伴，拥有飞向天空、追寻自由的勇气和决心。

作品示例

第3集 成长平衡轮

一、商讨筹备

同学你好！自我的成长是贯穿一生的过程。我们的生命与精力是很有限的，在生活中，我们必然面临着选择与取舍，也面临着平衡与调节。

如何把有限的时间和精力分配好，尽可能地平衡我们在意的各方面，这是一门很深的学问。我们在第二部中也对我们个人的目标、时间、精力等方面的觉察探索进行了一些探讨。

今天我们更关注的是我们在整体的个人成长上如何进行平衡与调节。具体来说，就是在你在意的成长各方面，你的期待与现状是怎样的。细心的你可能会发现，本集中我们在意的各个方面，与本部第一集"生命的五样"有些契合之处。没错，你可以参考第一集中自己在意的东西，来进行成长维度的划分；当然你也可以在之前的基础上进行迭代更新，符合自身的情况即可。

二、成片展示

我们首先用四条线将一个圆分成了八个部分，接下来，你需要给这个圆的每一部分分配一个指标，例如：健康、家庭、人际关系、学业、娱乐、社会活动、财富、职业发展、兴趣爱好等。具体的指标需要结合你自己的实际情况设定，可以参照上文提及的方面，也可以有自己的划分方式，做到指标不重复也不遗漏即可。

确定好八项指标后，你需要给每个指标

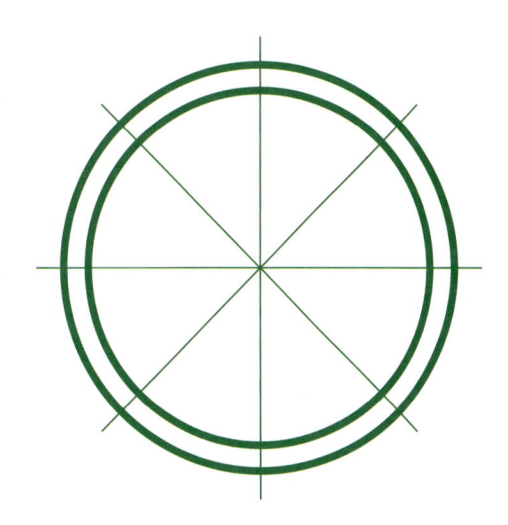

的现状打一个分数(满分10分);然后针对每一个指标,在某个时间节点前,你期待达成的目标状态可能有多少分;最后,针对每一项指标,你可以在需要进步的区间添加一到两项改善优化的关键行动。

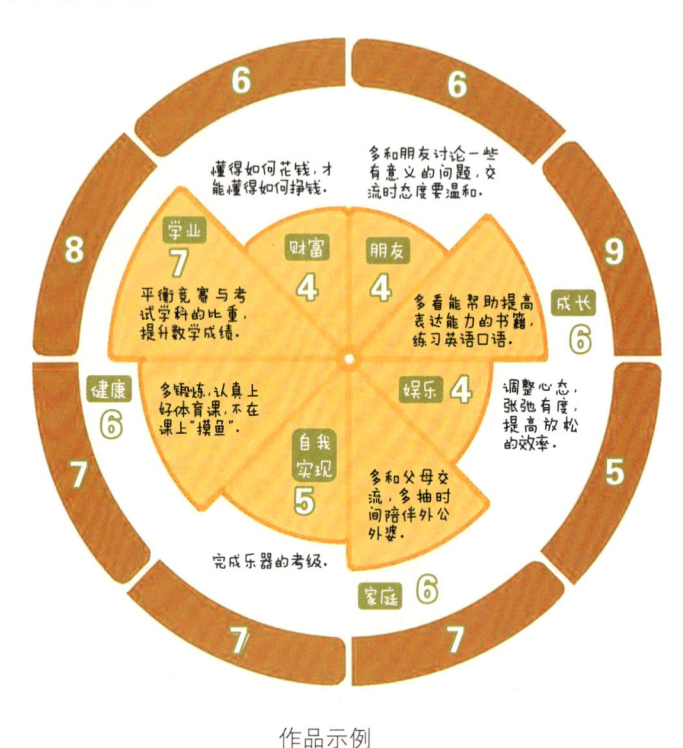

作品示例

三、反思蜕变

在本集中,如果你完成了每一项指标的目标现状评估,并且找到了一两项能够帮助目标达成的行动,那么本集的心理成长纪录片你就创作得非常成功了。

自我的探索十分奇妙,它并不孤立,包含着现实生活的方方面面。它也不仅有抽象思索,还与我们日常生活中每一项行动获得的体验感悟息息相关。

本集的记录可以很好地充当自我探索与外界生活联系的桥梁。你可以宏观地看到自己重要价值倾向的分布状态,也可以觉察到自身成长的平衡程度。最重要的是,你提取出的关键行动能够帮助下一阶段的你更坚决地走下去,从而提高知行合一的概率,促进自身的成长。

第4集 能力的"光谱"

一、商讨筹备

同学你好！今天我们想和你聊一聊如何全面了解自己的能力。在现实生活中，我们常常会过分关注学业，把成绩看作评估自己的唯一标准；但其实，我们的能力远不止于此，我们身上的能力就像一道五彩斑斓的光谱，充满着各种不同的颜色和特质。每个人都有独特的闪光点和优势，我们的能力并不只限于学业，还包括社交能力、创造力、领导潜力、沟通能力等。所以，本集的目的就是帮助你全面梳理和评估自己的"能力光谱"，看到更大的图景。

二、成片展示

接下来，让我们再次调整自己的身心，找到一种超越自己当前的视角，从更上层、更宏观的角度客观审视自己的感觉，并仔细阅读下表中的相关表述。如果觉得这个表述符合当下的你,请在前方的竖条中涂上颜色;如果觉得这个表述不符合你,不涂色。请务必做出是与否的选择。

用有力的观点和论据影响他人。	记住重要的信息和知识。	引导和激励他人,实现目标。	热衷于与他人分享令你感动的故事、你的思考或美好的事物。
言行一致,遵守承诺。	独立思考,分析问题,做出判断。	独立或与他人合作解决问题。	能够在复杂的问题中发现关键的细节和线索。
不断学习新知识和技能。	制订有效的计划,促进目标的实现。	保持积极的心态,对未来充满希望。	能够认识到自己的不足,虚心向他人学习。
用幽默的方式讲述故事。	合理安排时间和资源,提高效率。	能够认真倾听他人的意见和建议。	对自己的行为和决策负责。
善于用言语表达自己或他人内心真实的感受和情绪。	独立或与他人合作解决问题。	允许自己出现一些失误,并有能力补救。	清晰、准确地表达自己的想法和感受。
有效地与他人交流思想和信息。	能够在面对困难和挫折时保持耐心。	在关键时刻做出果断的决策。	对自己的能力和价值坚定认同,并有信心。
倾听他人的意见和建议,不打断。	敏锐地观察周围的环境和人际关系。	具有欣赏美的能力,能被美的事物感动。	在团队中不争一时表现,能够团结伙伴。
站在他人的角度思考问题,理解他人的感受。	记住重要的信息和知识。	提出新颖的想法和解决方案。	有勇气承认自己的不足,并做积极转变。
迅速适应新环境和变化。	主动激发自己的积极性和动力。	自觉遵守规则,自我约束。	合理规划和管理个人财务。
在一段时间内专注并享受某项任务。	沉着面对并解决危急事件。	建立亲密、和谐、具有支持性的人际关系。	控制、调节以及照顾自己的情绪。

当你完成了自己的"能力光谱"后,请结合自己的情况进一步分析:其中哪三项是你目前最为突出,不论他人、自己都认同的"金刚钻"?

哪三项是自己了解,而别人不太了解的"撒手锏"?

如果身边有比较了解自己的朋友,请他看一看有哪些是他认为你很棒,但是你自己没有发现的"沙藏金"。

最后,请在你不擅长的、他人也认为你暂时没有的能力中,选择三项作为未来想要发展的"潜力股"。

三、反思蜕变

恭喜你完成了自己的"能力光谱",并进行了进一步深入的自我探索。想象一下,如果我们只专注于学业，就好像只看到"光谱"中的一小部分，而忽略了其他丰富多样的能力，那该是多么遗憾的事情。但当我们打开心扉，全面认识自己的能力时，就能看到整个"光谱"的美丽与丰富。

在本集的探索中，最重要的就是你能够以真诚的态度觉察自己的"阴影"和"阳光"，并将它们反映在"能力光谱"上，从而获得一个更为全面宏观的视角。

最后，请记住，能力的提高是一个持续不断的过程。阴阳相生，从积极角度来看，我们的"能力光谱"仍然有着巨大的发展潜力，希望你继续携着自己的勇气和智慧，不断前进，点亮更多让你幸福愉悦的"光谱"，拥抱更有希望更美的生活。

第四部

生涯之间

第1集

二十年后的美好一天

一、商讨筹备

同学你好！不知不觉，我们的六部"纪录片"已经"创作"过半。本部"纪录片"的主题叫作"生涯之间"。你在生涯课上应该也多少了解了生涯的相关知识，所谓的生涯其实就是人从生到死的整个历程。

顾明远先生为我们学校的生涯教育寄语，"为学生一生的生涯幸福奠基"，表达的就是希望你能幸福快乐地度过这一生，而学校做的一切不过是为你的生涯幸福当好"垫脚石"。

谈到生涯幸福，你会发现，幸福是个很主观的词。有句话叫"甲之蜜糖，乙之砒霜"，说的就是甲认为很幸福的事，乙可能并不喜欢。因此，你的生涯幸福可能需要你自己来定义，乃至未来需要你自己去探索、建设、获取、体验。

但无论未来幸福的生活多么美好，第一步肯定都要你敢想、能想。这不是说让你做不切实际的白日梦，我们想说，通过想象力在脑海中构建你理想的场景是真切的"第零次创造"。你的祖父年轻时可能不敢想象能够吃饱饭，你的父亲在年轻时可能不会想到会有智能手机这种东西，而你三年前可能想不到诸如ChatGPT这类AI产品会这么快到来。所以不要限制自己的想象。在本集的记录中，请大胆展开自己的想象，同时不要忘记自己内心的需要。比如第三部第一集中，你做的那些很难的取舍。你珍视的东西可以在本集的记录中尽情展现。祝你的"时空"旅行愉快！

二、成片记录

请放松心情，降低自己的防御和焦虑，设想你在二十年后达到了你比较理想的人生境遇。你到了那个时间，度过了美好的一天，那么这一天可能是怎么过的？过得怎么样？

先尝试用六个关键词来概括一下！

☐ ☐ ☐

☐ ☐ ☐

请以上述六个关键词为主干，更加完整地补充记录你二十年后的这一天发生了什么，和谁在一起，做着什么样的事情，你有怎样的感受。

_____
_____
_____
_____
_____
_____
_____

三、反思蜕变

在生活中，我们一般倡导有把握、稳重、不说过头话这些品质，进而衍生出了一个常用的短语来批评某些不切实际的、异想天开的想法，叫作"想得美"。

但是我们在生涯探索和生涯适应的过程中，适当地展开想象是很有必要的。你在本集中完成的记录，专业术语称之为"生涯愿景"。这个愿景非常重要，因为我们认为有愿景的人才有充分的动机和意愿去展开积极的探索，才有可能找到生涯的幸福。

对生涯愿景的畅想和鼓励不是说你一定要实现这个场景，否则就是失败者、没用的人。得其意，忘其形，重要的是你在这个过程中产生的良好感受和蓬勃希望。最后，如果二十年后，你还能找到这本书，请不要忘记和这次记录中的自己打声招呼："你好，好久不见！"

第2集

生涯传记之序

一、商讨筹备

同学你好！所谓生涯，生是开始，涯是结束、边界。我们的每一种角色、每一段经历都有结束退场的时刻。也正是因为有始有终，才让我们的每一分体验、每一分探索变得弥足珍贵。上一集我们展望了二十年后的一天。今天，我们也会继续借助你的想象力，将时间继续往后推移，来做一个形式独特的探索和记录——为自己的自传写一篇序。

二、成片展示

接下来，假设你能穿越时空，到了你老去的时刻。这时，你的晚辈和一家出版社想要为你出版一本自传，他们希望你能为这篇自传作序。你坐在温暖的沙发上，回顾这一生的经历，有许多想要讲的故事。但你已经年迈，无力再去进行大量的写作，只用了寥寥几行字和一幅简笔画概括了自己的一生。

这些话可能会是什么？那幅简笔画又可能画什么？请你尝试将其呈现在下方的空白处。

三、反思蜕变

无论你在本集"成片"创作中完成得如何，我们都很感谢你能够读到这里。跨越时空的思考并不是一件容易的事，尤其对于仍在少年时期的你来说，一切都是那么的多彩、有趣、充满希望和憧憬。我们每个人都有让人生完满的原动力。

自己对自己的人生进行评价，古来有之。白居易曾说："乐天乐天，生天地中，七十有五年。其生也浮云然，其死也委蜕然。来何因？去何缘？吾性不动，吾行屡迁。已焉已焉！吾安往而不可，又何足厌恋乎其间？"表现出对际遇的洒脱和对生死的豁达。

此外，我国著名书法家、古典文献学家启功先生也留下一段这样的人生概括：

中学生,副教授。博不精,专不透。

名虽扬,实不够。高不成,低不就。

瘫趋左,派曾右。面微圆,皮欠厚。

妻已亡,并无后。丧犹新,病照旧。

六十六,非不寿。八宝山,渐相凑。

计平生,谥曰陋。身与名,一齐臭。

启功先生用简单直白、诙谐幽默的方式总结自己的一生,其中不无调侃自嘲的意味,更显其潇洒宗师风范。

最后,回到本集中你自己的表达和记录,我们认为只要你发自内心坦诚地完成了这次记录,那么无论呈现形式如何,都值得钦佩。祝福你的生命旅程能够充实、幸福、完满。

自传序言

我是一个喜欢冒险和挑战的人,一生中经历了很多不同的风景,也遇到了许多有趣的人。这一路上,也有不少困难与挫折,但我总会努力克服它们,继续前进。我相信,只要坚持梦想和信念,就一定能够创造出属于自己的幸福世界。

世人皆知人生短暂,我已拼尽全力追求梦想,热爱生活。愿看到这篇序言的你们也能与我同行,高歌猛进,勇往直前。

作品示例

第3集

生涯地图

一、商讨筹备

同学你好！经过前几集对于生涯主题的记录创作后，你可能会逐渐发现，关于生涯愿景，或者生涯墓志铭的记录都是指向未来的。这些场景或者内容只是有实现的可能，并非绝对能实现。那么这是否说明生涯之学是虚幻、不切实际的学问？

针对这种疑惑，我们想对你说，生涯之学，恰是未来之学，也是应变之学。我们不能执着于生涯的设想和规划是否一定能实现。过分执着于未来与设想的绝对一致，一丝不确定性与可能的变化都拒绝接受，这样的态度可能会给我们带来压力与苦恼。

相比之下，我们更希望你能朝着自己初心的方向前进，这份初心可以坚定，可以矢志不渝，但是方法手段、路线策略又都可以结合自身和客观环境的实际情况灵活调整。（这与我们第三部中"生命的五样"的探索息息相关，你内心的价值沉淀得越清晰明确，就越倾向于找到自己的初心与方向）

二、成片展示

接下来我们一起来完成一张地图。众所周知，地图可以在人前进的途中指引方向，告诉我们下一步要走向何方。而现在我们要完成的这份生涯地图，就是我们生涯探索路上的一份行动导引，这份完成后的地图可能不会解决你前路上的所有迷茫和困惑，但有可能会带来一些参考和帮助。

在下方区域中，你会发现用一个个足迹串起的路线，在足迹的终点是你的终极愿景或者终极理想，请你结合自己"生命的五样"，描摹一下你的人生愿景。

然后，你需要以终为始，用逐步逆溯的方式，去完善图中的大足迹。例如，安居乐业、家庭幸福作为我的终极梦想，那么，倒推一步的行动可能是组建家庭、养育后代，再倒推一步可能是获得收入稳定、福利优厚的工作机会,再倒推一步可能是在合适的学校学习合适的专业,培养职业适应能力……以此为例,依次倒推,直到当下短期内的第一步行动。

在记录中,希望你能够把握好追梦与务实之间的平衡关系,既做扎实详细的行动计划,又不被计划所限制,保留适当的弹性。

三、反思蜕变

恭喜你完成了当下你能完成的最真诚的生涯规划内容。其实人生际遇多变，世界复杂难测。我们的大部分生涯规划都很难百分之百实现，但我们不必为此失落悲观，甚至否定生涯规划的意义。

我们认为，在现阶段，我们完成这份生涯地图更多的是为了让你看到可能性和希望，把更多的内心活动转化成具体行动。虽然很多成长过程中的行动都不会对最终梦想的实现起到肉眼可见的直接作用，但至少我们可以在行动探索中去尝试发现更多可能性，抓住更多的机会。

走起来吧，可能你的实际足迹会在某个节点遇到一条支线，走上另一条路。但你不能否认，在另外的路上，你也有可能以一种难以预测的方式走出精彩，走出幸福，甚至最后走到你初心中的情景。

最后也请记住，所谓"地图"只是一个工具，它为人服务，以人为本。切不可因为一些时候地图中的行动计划无法完成，就自我否定或自暴自弃，时刻保持灵活应变的头脑和直面世界的胆识，才是把"地图"的作用发挥到极致的关键。

作品示例

第五部

天人相合

第1集

我的掌控感

一、商讨筹备

同学你好！不知道你对自己的手掌是否关注过。手对于每一个人的日常生活至关重要，因此我们有很多日常词汇和手掌有关。比如常见的一个词"掌控"，指的是对某件事能够进行掌握和控制。在心理学领域，甚至衍生出了一个专有名词——"掌控感"，指的是个体有相信自己能够决定自己内在的状态和外在的行为，能够影响周围环境以及实现预期结果的信念。

掌控感是我们适应社会环境，实现天人相合的重要参考因素。今天这集内容，我们将会共同探讨你在适应环境当中的积极品质和努力行动，帮助你看见那个努力适应、寻求掌控的自己。

二、成片记录

请你将自己的一只手按在下一页的空白区域，并用笔沿着手的轮廓，勾勒出手的图样。

当你得到了一个完整的手的轮廓图形后，请将你在适应当前环境时最在意的五个方面分别对应到五个手指上，（这部分内容有些类似于第三部第一集中"生命的五样"，但差别在于本集中的五个方面更侧重于当下这一段时间自己所处的环境中的相关内容），可以包含但不限于学业、朋友关系、校园活动、父母沟通、兴趣爱好等方面。

锁定五方面后，请回顾这段时间自己的经历，想一想你做了哪些具体的行动来促进对这个方面的掌控，并将其简要地写在对应的手指上。（空间不够可以采用标号的形式，将文字部分写到纸上其他空白处。）

最后，请想象一下，假设有一个很懂你的朋友，在看完了你所做出的这些努力后，会说你表现出了哪些令人钦佩的品质，将这些写在手掌的掌心处。

三、反思蜕变

恭喜你完成了这集的记录。手掌是我们身体的重要部分,是我们触及世界、探索环境的原初工具。也因此,手掌被赋予了很多艺术上、文学上的意义,最为人津津乐道的莫过于武侠小说中许多大侠的精妙掌法。其实我们都知道,现实生活中没有人会有这样强大的武功,但每一个用心生活、积极进取的人,使用的何尝不是另一种"掌法"。手掌能承托和坚守,手指能探索和行动,摊开是真诚与坦然,握紧是决心与力量。

具体到你自己的记录中,在手指部分能将每个方面的两到三个有代表性的具体行动表述清楚即可。此处不建议写诸如"好好学习""主动结交朋友"等过于笼统的表述。更加具体真实的小事往往更能够凸显品质,更好地连接内心与环境。此外,在掌心的品质部分,请一定在内心把假设的知己人物代入构建到位。(这个能力在第一部第二集中被反复使用过)你需要真切地从他人的视角来品读你的行动,并给出一个公允真诚的评价。在这部分内容中无须过分贬低或刻意夸大自己。

最后,我们希望你能够体会到,掌控自我、适应环境是一个非常个性化的过程。相较于给你一些通常化的行动建议,我们更希望你能在这次探索中发现自己已经做过的努力,并给自己充分的信心与认可。当然,如果你在本次探索记录的过程中发现了未来可以调试修正改进的方向,也可以自行迭代你的"2.0版本"。

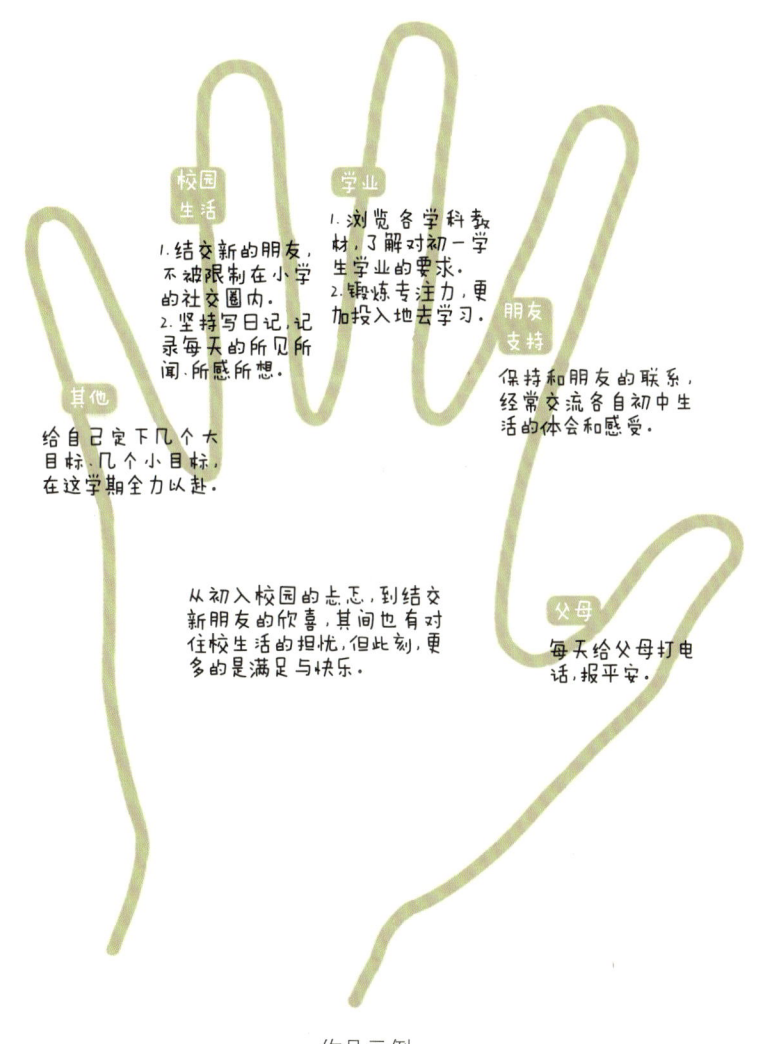

校园生活
1. 结交新的朋友,不被限制在小学的社交圈内。
2. 坚持写日记,记录每天的所见所闻、所感所想。

学业
1. 浏览各学科教材,了解对初一学生学业的要求。
2. 锻炼专注力,更加投入地去学习。

朋友支持
保持和朋友的联系,经常交流各自初中生活的体会和感受。

其他
给自己定下几个大目标、几个小目标,在这学期全力以赴。

父母
每天给父母打电话,报平安。

从初入校园的忐忑,到结交新朋友的欣喜,其间也有对住校生活的担忧,但此刻,更多的是满足与快乐。

作品示例

第2集 翻越心中高山

一、商讨筹备

同学你好！或许你也曾经历过这样的时刻：在繁忙的日程中，一些琐事不期而至，让你感到烦躁不安，注意力分散，难以集中精力，学习效率不高，食欲不振，或者暴饮暴食。这些现象表明你目前的压力值较高，需要及时进行调节。

"压力"这个词似乎已经深深地刻在了当今时代的标签上。每个人都在谈论压力，好像对它已经有了一定的了解和共识。或许，你会想知道压力的深层次信息，它的样子和特点。恰好，绘画投射是一种能够帮助我们深入探究内在世界、将潜意识的内容视觉化的很好的方式。绘画是人们与自己沟通的方式之一，是一种比语言更为丰富的方式，可以帮助我们更好地表达和理解自己的情感。通过绘画投射，我们可以将压力形象化，将其从抽象的概念转化为具象的形式，从而更好地理解和应对它。

因此，本集我们采用绘画的形式将压力形象化，将其从帷幕后请出来，与它面对面聊一聊，了解它的样子、它想要传达的信息，以及你和它的对话可能是什么样的。

二、成片记录

请你在头脑中想一个你需要解决的问题，将它的形象拟定为山，然后用笔将你头脑中山的形象绘制在纸上。在完成山的形象后，在这个场景里画上你爬山的样子。这幅作品中必须出现的内容包括山和人，其余的部分你可以凭借自己的想象来完成。登山图完成之后，请你为这幅图起个名字，并在画的空白处写一句对爬山人说的话。

作品创作结束后，请你在纸的背面简单地描述一下自己绘画的内容，如：

(1)你的这座山看起来是什么样子的呢？这座山代表什么困难呢？

(2)你是以什么方式在爬山？这种方式你会有怎样的感受？

(3)你现在正处于山的什么位置呢？

(4)画的自己是什么样的呢？为什么要这样画呢？

(5)你认为到山顶后，你会有什么心情？

(6)还有其他方式可以帮助你快点儿到达山顶吗？这些方式在实际的现实生活中可能代表着什么呢？

(7)在画面中你想通过增加什么让自己感觉好一点儿？

以下是登山图分析资料。(具体的情况需要结合自己的实际情况分析)

山：山的大小、陡峭度和数量多少代表着压力的程度。(例如：山画得越陡意味着目前体验到的压力越大。)

人物：人物的大小代表自信程度，人的清晰程度代表自我认识，人所处的位置代表问题解决的程度。(例如：图中人物较大意味着你对自己解决问题的能力充满信心；人物处于山脚表明动力不足，还没做好准备；人物出现多个的时候，表明你需要陪伴。)

登山方式(S形、Z字形、徒步、台阶、缆车、汽车、电梯、多条路等):代表处理问题的方式(例如:用汽车等借助工具的方式意味着懂得借助外力解决问题;徒步登山意味着不借助外力解决问题比较吃力)。

风景添加物(花、草、太阳、凉亭、背包、旗帜等):代表情绪积极程度(例如,画凉亭意味着解决问题的时候需要放松、休息)。

三、反思蜕变

压力是现代社会中无法避免的存在。然而,有时候我们并不会明显地感受到压力的存在。在这种情况下,绘画投射是一种非常好的方式,会引导我们将潜藏在内心深处的、被压抑和隐藏的情感和想法呈现出来,帮助我们看清自己的状态,感知和了解自己的压力状况,梳理自己面临的困难。

有的时候"看见"和"承认"就是一种调节和解决方式,主动承认压力的存在,让身体暂时停下,你就能更清醒地应对压力,获得对自己和周围环境的主动权和掌控权。在绘画中你或许还能寻找到新的方式、方法和资源,以及发现内在的积极力量,帮助自己克服目前的困难,实现自我成长。人们可以通过绘画来纾解压力和情感,同时也可以通过这种方式来激发自己的创造力和想象力。

作品示例

第3集

生活九宫格

一、商讨筹备

同学你好，在过去的一段时间，你一定经历了许多难忘的瞬间，和密友相伴，感受生活的舒适；与家人共度美好时光；享受美食的滋味……这些都让你心有所感，难以忘怀。现在，我们需要跟这段美好的生活做一个小小的告别，帮助你逐渐调整自己的心理状态，适应新的学习和生活环境，勇敢地去迎接新的挑战。

仪式是一件很重要的事情。它把本来单调乏味的生活，变得不一样；它让我们对所在意的事情，怀有敬畏之心。和某一段生活做个告别会让我们有一种仪式感——一种生活的结束和另一种生活的开始。这样的仪式感唤起了我们对内心自我的尊重，让我们切切实实地去感受存在，真切地去感知生命，充满热忱地去面对接下来的校园生活。

在本集中，我们将采用九宫格的形式来回忆和告别过去一年的生活。将一年中不同的事件和体验填写到九宫格的不同位置。通过总结和回顾过去的方式，我们与过去做一个暂时的、短暂的告别，让自己的心理"复位"，以最佳状态投入到新学期，全身心地投入当下和未来的生活，积蓄力量继续前行。

二、成片记录

现在，请你画一个九宫格。在这个九宫格中，有4个四角格、4个十字格和1个中心格。请你将这个假期中最深刻的4件事情整理出来，分别填写在4个四角格内。然后，在四角格旁边的十字格内写下这个事件带给你的感受。最后，在中心格内写下你对自己新学期的期许和寄语。这样，你就可以用"成片"记录的方式，将假期中的美好时光永久地留在心中，并为新的学期做好准备。

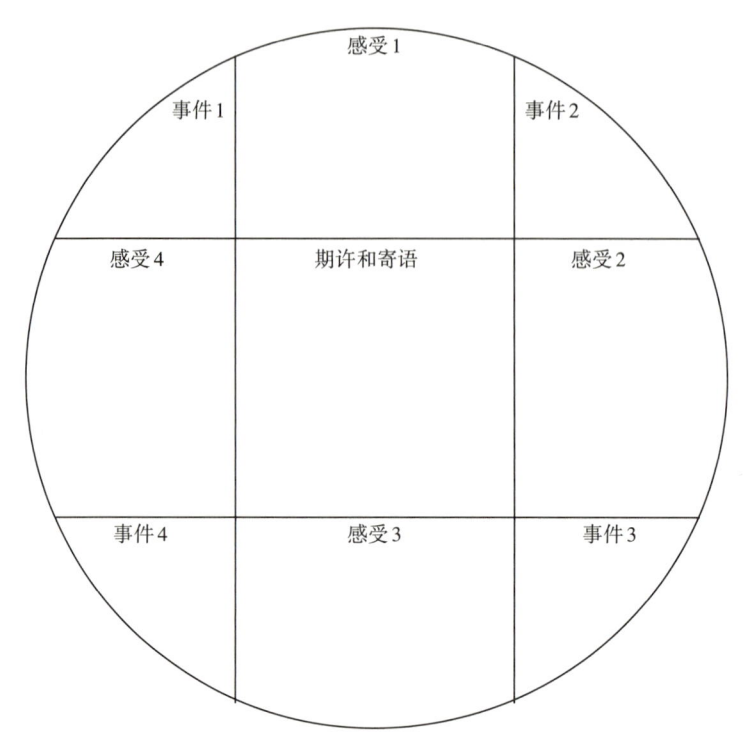

```
         感受1
   事件1        事件2

   感受4  期许和寄语  感受2

   事件4   感受3    事件3
```

注意:尽可能写4件不同类型的事件,比如:父母关系、朋友关系、学习生活等方面;在描述感受的时候尽可能多用情绪词汇。可以用不同的形式来完成,可以是文字,也可以是绘画图案等。

三、反思蜕变

告别过去的仪式,是一种让人们从过去的经历中解脱出来、放下负担、迎接新的生活的积极行为。虽然这个过程看似简单,但其所蕴含的力量却是惊人的。当你开始回顾过去的生活时,你或许会发现,有些事情在发生时看来平平无奇,但在回忆中却变得格外珍贵。这个过程本质上是一种积极的告别和重构,能帮助你更好地理解自己,认识自己,同时也为你迎接未来积蓄力量,成为你前进的重要动力。

在这个告别仪式中,你留下了珍贵的记忆和资源,写下了对自己最好的鼓励和支持,这将成为你新学期前行的重要力量。"人生若只如初见",在回顾过去的时候,我们也要像初见时一样,用全新的眼光、全新的姿态去看待过去,这样才能更好地感知自己的成长和变化,更好地为未来的生活做好准备。

希望你在追求梦想的路上,不断积累力量,勇敢前行,为自己的人生之旅增添更加绚烂的色彩。

第4集 未知的旅行

一、商讨筹备

同学你好！今天我们想要谈论一个令人开心的话题——旅行。在生活压力越来越大的当下，旅行的意义变得越发重要。我们不仅可以通过旅行放松身心，为自己充电，有时还会在旅途中遇到许多惊喜。

当然，旅行的形式也可能是多种多样的。可以远赴千里，也可以就近发现；可以亲身体验，也可以神游物外。但无论如何，你的好奇心和期待是不可或缺的。今天，我们将利用有限的文字和简单的纸笔，来一场奇特有趣的旅行。看看你能够在这段旅程中有什么样的新发现吧！

二、成片展示

首先,让我们想象一下你打开一个突然出现在桌上的信封,发现里面有一张机票。这张机票上没有目的地的名字,只有一个日期和时间。这意味着你将前往一个神秘的地方,充满了未知和惊喜。

请你闭上眼睛,调整呼吸,放松自己,用你的想象力来补全这次旅行的目的地。这个地方可能是一个国家、一个城市、一个岛屿,甚至是一个神秘的地方,一个虚拟的时空。想象一下,你登上飞机,飞越蓝天白云,最终降落在一个全新的地方。

接下来,用文字或图画的方式来描述你在这个目的地的经历和体验。你可以描述你参观的景点、品尝的美食、体验的文化活动,甚至是结识的新朋友。用你的想象力尽情展现这次旅行的精彩和独特之处。

三、反思蜕变

感谢你的精彩创作,在前面的记录中,相信你已经深刻理解了本书中的记录探索应当建立在真诚和轻松的状态之下。同时我们也相信,用心投入了这段旅程的你应该会有来自内心深处的许多发现与触动。

或许你会发现自己来到了一个热带天堂,白沙滩和碧蓝的大海似乎是那么近。你可以享受阳光的沐浴,畅游在清澈的大海中,与五颜六色的珊瑚共舞。晚上,你可以观赏到壮丽的日落,在沙滩篝火晚会中结识一群热情友善的当地人。

或许你选择了一个历史悠久的文化古都。你漫步在古老的城市,欣赏世界闻名的建筑和文化遗产。你参观了博物馆,了解到这个城市丰富的历史和传统艺术。你每天品味美食,与不同国家的游客交流,结交了一群喜欢探索文化的朋友。

或许你会踏上一段非凡的探险之旅,穿越茂密的丛林。你与向导一起进入神秘的丛林,欣赏到奇特的动植物,听到来自大自然的呼唤。你尝试攀爬有挑战性的山峰,穿越湍急的溪流,与自然亲密接触。在探险的旅途中,你结识了一群热爱自然的伙伴,体验到了真正的团队合作,理解了什么是勇敢。

本集记录的意义不仅在于锻炼你的创造力和想象力,更重要的是,让你体验到自己可以在未知和变化中保持乐观和积极的期待。在现实生活中,我们会面临各种各样的挑战和变化,有时候我们不得不采取防御性策略来处理未知的情况。然而,在不确定性面前,过分消极和防御地应对往往会给我们带来焦虑和压力,甚至会限制我们的思维和行动。所以本集的活动设置,需要你通过想象和创造,超越现实的限制,探索未知的可能性,展现出对未知事物的好奇心和勇气,以及适应变化的能力。

当我们运用想象力去探索新的地方、体验新的事物时,我们与环境之间建立起了一种特殊的联系。这种活动不仅让我们更加了解世界,还促进了我们与他人和睦相处能力的提高。通过活动,你可能更加尊重和欣赏不同的文化、传统和观点,从而更好地适应和融入社会。

在结束之际,衷心祝愿你能够一直有想象力和创造力做伴,在未来的旅途中充满信心和勇气,胸怀开阔,从容坚定,迎接生活中的各种奇妙与惊喜。

第六部

我与他人

第1集

一次答谢宴

一、商讨筹备

同学你好！至此，我们的"心理成长纪录片"已经步入尾声，这一部我们探讨的内容聚焦在与人相处这方面。社会性是人的根本属性，人与人之间的交往也是每一个人的必要需求。人从自然中来，早晚也要回到自然中去。自然界中一切有生命的个体可能都是我们要相处的对象。但无论是在人际交往中，或者是观赏动植物、饲养宠物这样的业余生活，我们都提倡大家先认同一个基本前提，就是友善。中国人讲究和而不同、互利共赢，建立在良好出发点上的人际之旅总会到达美好的地方。

在本节课的纪录片创作中，我们依然需要你有蓬勃的想象力和美好的愿景。尽管我们知道，当下的生活我们很难事事顺心如意，但我们仍然可以保有对未来的期待和希望。

二、成片记录

接下来我们将开始本集的创作,请调整到放松自在的状态,并想象如果20年后,你的生活各方面都让你很满意,很幸福,这时你打算举办一次答谢宴,对你生命中遇到的一些人表示感谢,客人们具体是谁由你来决定。他们可以是对你有帮助的人,你喜欢、敬佩的人,陪伴着你的人,许久没见的人;等等。

你需要做的是尽量把这次答谢宴组织得舒适周到。请你在后面空白处,用图文并茂的形式去呈现你的答谢宴。可以包含但不限于宾客名单以及邀请他们的理由,就餐的时间、地点,选择的餐厅,安排的菜品,吃饭时聊天的内容,等等。总之,越真实越有细节越好。

三、反思蜕变

感谢你的参与,我们在这一次的创作中,感受到了你发自内心的真诚。想象力真是个神奇的东西,当你真的启用它超越现实,穿越到想象中的未来后,那些想象中的其乐融融、欢声笑语仿佛能够被真切地感受到了,我们内心的感受也随之好了起来。

人的基因中有着利他的本能,为他人带来快乐和幸福会让我们自己更加快乐和幸福。在这个过程中,你自然浮现的感恩和善意,远比很多时候的说教要实在许多。

针对你本次的创作,我们认为主观的感受是最重要的,如果你真切体会到了发自内心表达感谢、利好他人时的良好感受,那么本集的创作就算圆满成功了。当然,如果你认为主观的感受不足以全面参照,那么具体到作品,我们认为在图文创作中,有几个方面可以参考,分别是宾客人数达到一定数量、邀请理由充分、语言真挚、相关细节全面等。

我会请妈妈吃火锅,因为妈妈给了我宝贵的生命,每天辛苦地为我做饭,所以我请妈妈吃火锅,点上她最喜欢的毛肚、腰片和土豆。

我会请爸爸吃饭,因为爸爸给了我前进的力量。不过爸爸有时候太严厉了,明明他从来不吃鸡蛋,却经常让我吃。所以这回我要请爸爸吃蒸蛋,让他也尝尝鸡蛋的味道,还能帮他补充蛋白质哟!

我还要请闺蜜吃甜点,因为她总是在我不开心时安慰我。我会请她吃甜筒,让她的生活带点甜。

作品示例

第2集 我的人际生态

一、商讨筹备

同学你好，我们都知道，每个人生活在社会中都无法脱离他人而独立存在，其实也恰恰是人与人之间的交往互动，成就了我们生活中的许多精彩。在我们的生活中，会遇到许多和我们产生联系的他人（除了自身外，即使你的父母在科学范畴上也都属于他人），我们也在与这些他人的互动中，不断调试，不断成长，渐渐构建起属于自己的人际生态。

今天，我们也利用这个机会，来回顾自身的人际生态系统，将和我们产生深入联系和起到重要支持作用的人，整理到一个示意图中。这会帮助我们在宏观层面上审视自己的人际状态，也能够帮助我们发现原来可能忽略的人际资源和直接间接支持，增强我们在社会交往乃至人生发展上的信心。

二、成片展示

首先,我们需要画一些圆圈,将自己填在中间的圆圈中,并给周围的圆圈指定不同的生活情景,例如家庭、学校、社团、社区等,并将每一个情景中的重要他人填入其中。之后,用线条将自己与他人连接起来,你可以选择用线条的颜色、粗细等代表人际关系的交往深度与支持程度,具体的表现形式不作要求。

在你的人际生态示意图完成后,你可以选择某个情景中的某个人物,介绍你与他之间的联系和支持,并说说为何会这样呈现,也可以讲述一两个发生过的小故事。

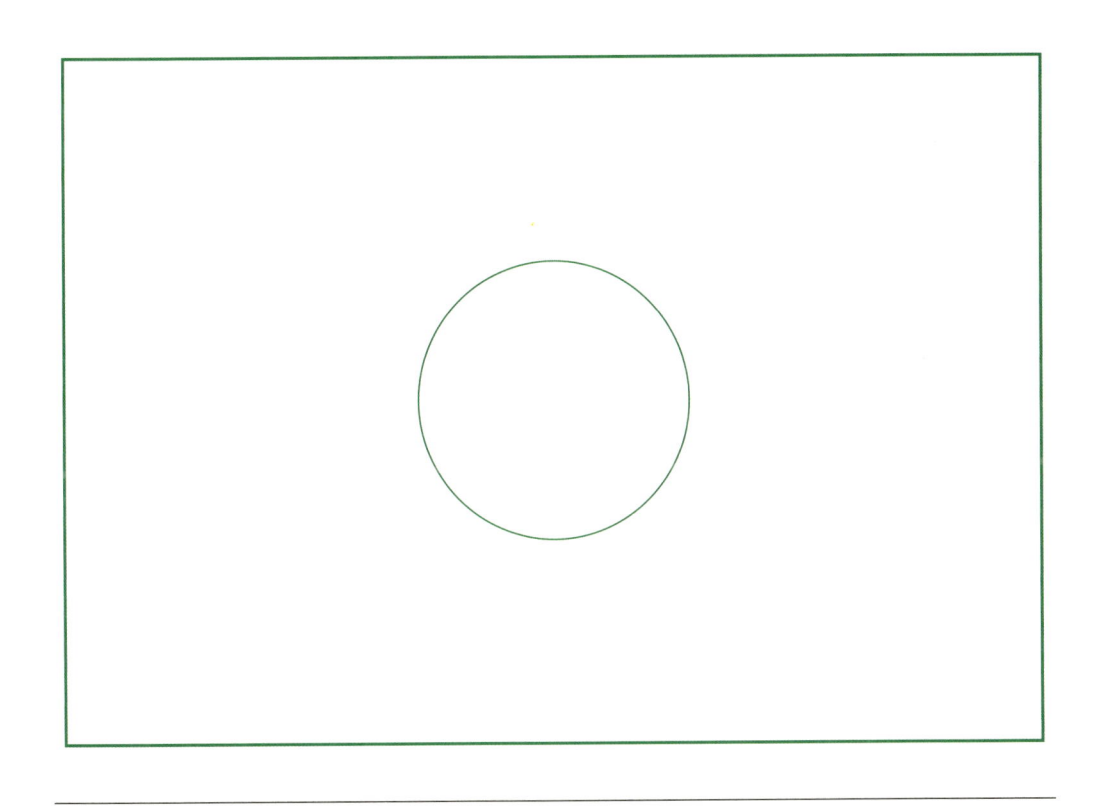

三、反思蜕变

至此,你完成了目前自己的人际生态示意图,相信你在看到自身与这些重要他人产生的联系时,应该也体会到了自身得到的支持。《中国学生发展核心素养》中重点强调了社会参与的重要性。换句话说,正是频繁多样深入地与人交往,才让我们真正成为社会意义上的人。我们构建的人际生态示意图的中心是我们自己,但不意味着我们自己就是这个生态的全部,反而是出现在示意图中的人们,成了我们社会生活中的锚定和链接,让我们找到了自己的人际存在感与时空存在感。因此,我们应当真正意义上地尊重他人,理解他人,珍惜人际交往中的支持与善意,经营维护好自己的人际生态。

此外,人是不断发展变化的,随着年龄的增长和情境的转移,我们的人际生态也可能会随之出现变化,在这个过程中,有的人会新出现,有的人会逐渐淡出。这是所有人人际交往所必经的过程,对此我们应有豁达悦纳的态度,但始终不变的可以是感恩与善意。

心理学领域曾经有一项追踪几十年的研究,企图揭示人的幸福与哪些因素关联更强。最终研究表明,活得幸福与社会经济地位、名望、成就等都没有表现出很强的关联性,一以贯之的最重要的因素只有一项,那就是拥有良好的人际关系。良好的人际关系能够让我们更加快乐和健康。我们也希望以本集的记录探索为契机,你能够在看到自己的人际生态后,逐步拥抱更幸福健康的人生。

第3集

伴行轨迹

一、商讨筹备

同学你好！在上一集中，我们把你周围的人和他们与你的关系比作一个生态系统。我们知道，这个系统并不是一成不变的，而是会随着时间的推移产生变化的。有的人会从外界渐渐进入这个系统中来，有的人也会悄悄消失在你的生命轨迹中。哲学家周国平说"灵魂只能独行"，当然这句话更多的是从一个人的思考角度出发的，但如果从情感层面来看，你周围的人给你带来的感受是真实且生动的——即便这些感受可能后来会变得更加热烈抑或是慢慢趋于平淡，它们就像一道道年轮一样，都值得被铭记，被回味。

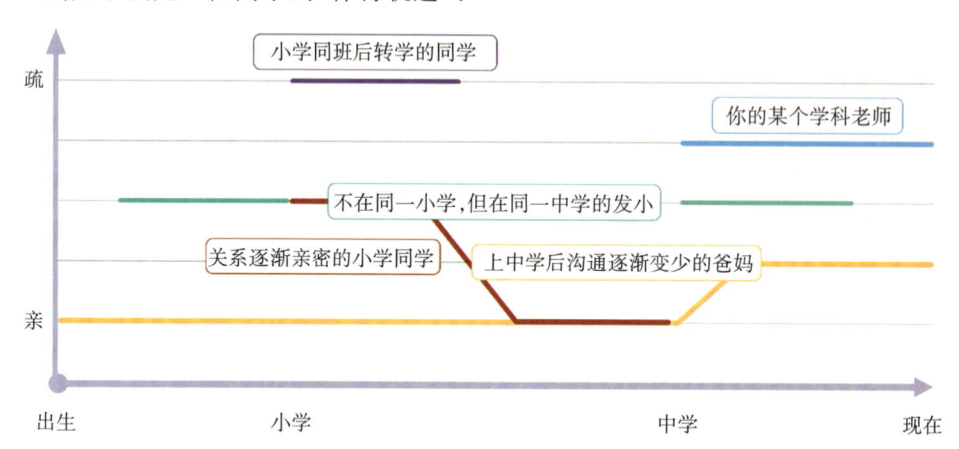

例如下面是一位同学的"伴行轨迹":

```
疏 ↑
  |    ┌──────────────────┐
  |    │小学同班后转学的同学│
  |    └──────────────────┘
  |                              ┌──────────────┐
  |                              │你的某个学科老师│
  |                              └──────────────┘
  |         ┌──────────────────────────┐
  |         │不在同一小学,但在同一中学的发小│
  |         └──────────────────────────┘
  |  ┌──────────────────┐  ┌──────────────────────┐
  |  │关系逐渐亲密的小学同学│  │上中学后沟通逐渐变少的爸妈│
  |  └──────────────────┘  └──────────────────────┘
亲 |
  └─────────────────────────────────────────→
   出生        小学              中学         现在
```

我们用横坐标来表示时间/人生阶段,用纵坐标来表示个体与你关系的亲密程度。有的人忽远忽近;有的人出现了又消失、消失了又出现;有的人只出现在你生命中很短的一段时间当中,像一段小插曲;有的人在你生命中扮演了有着"重要戏份"的角色……

二、成片记录

下面,你可以试着描述自己的"伴行轨迹",并补充填写后面的内容。在动笔之前,先闭上眼睛在脑海中"扫描"一遍你周围的重要他人,这些人也许曾经和你很亲密,也许正陪伴在你身边,也许是你很期待但还未在你生命中出现的角色。

回忆一下,这些人是怎样出现在你的生命中的?随着时间的推移,你们之间发生了哪些事情使得你们之间的关系变化了?这些变化是你期待的样子吗?这些变化带给你什么样的感受?

现在,你可以睁开眼睛完成你的轨迹图了。

我由衷地感谢这些人曾经或正出现在我的生命当中！

姓名：_____；感谢语：_____

姓名：_____；感谢语：_____

姓名：_____；感谢语：_____

姓名：_____；感谢语：_____

姓名：_____；感谢语：_____

……

这里，横坐标用什么样的刻度、由亲到疏有多少个等级，都由你来决定。你可以用不同颜色、粗细来代表不同的个体，不过要记得在画完线条之后，再仔细觉察一下这些线条的长短起伏带给你怎样的感受。

三、反思蜕变

即便我们再怎么觉得离不开某个人，或是觉得不想见到某个人，如果用一生的尺度去丈量，也不会真的有人会一直陪在我们身边，或是不想见的人不会出现。时间或长或短，终有开场与谢幕——尽管这听起来萧瑟无比，但我们的确没有必要悲观，因为我们每个人终究活在当下，正是因为悲欢离合的存在才使得相互陪伴的日子弥足珍贵。

期待遇见，享受遇见，感恩遇见，作为芸芸众生中的一员，愿你与他人能有美丽的遇见！

第4集 "特别同学"录

一、商讨筹备

同学你好，先采访你一个问题：你最近一次和你爸妈拥抱是什么时候？你可能会说"今天离家上学的时候"，也可能会说"很久很久，久到我已经记不清了"。

父母是和我们血缘关系最近的人，然而血缘的亲疏和情感上是否亲密并不存在必然的联系。我们有时会觉得他们很可敬，甚至很可爱；有时会觉得他们很烦人，想从此不理他们，甚至不愿意与他们有任何关系——这取决于我们是否彼此信任、理解和共情，正如父母嘴里那句"你怎么这么不懂事"和我们嘴里那句"你们根本就不懂我"。

"感同身受"可能是这个世界上最难的事情之一。但说难也难，说简单也简单。难点在于我们无法还原他人完整的经历和体验，而简单则在于即便无法百分之百复刻，如我们能看见一二，心里也就释然了。

在本集中，我们希望能够帮助你找到一种更有效的方式来与父母"互相看见"，让你们之间的关系更加和谐。在这个过程中，你可能需要付出一些努力，但请相信，这将对你的幸福体验产生深远的影响。

二、成片记录

请你想象一下：如果你的爸爸或者妈妈变成了你的同班同学。你给了这位"特别同学"一张同学录。

那么，根据你的了解，你这位"特别同学"会怎样填这张同学录？

请你预填写这张同学录，预填写后用相同的问题采访一下你的爸爸（妈妈）。不要忘了验证一下你的答案和他（她）的回答是否是一样的。然后，和他（她）说说你这样猜的理由，看看他（她）有何反应，听听他（她）会告诉你些什么。

名字：_____； 昵称：_____； 生日：___年___月___日

1. 最爱听的一首歌或最爱看的一部电影_____

2. 最喜欢吃的水果_____

3. 口头禅_____

4. 分享一个我不知道的秘密_____

5. 最近压力最大的事_____

6. 未来最想做的事_____

7. 最怕什么_____

8. 有没有后悔的事_____

9. 最伤心难过的时候会做什么_____

10. 认为怎样才算兄弟（闺蜜）_____

11. 希望怎样和自己的爸妈相处_____

12. 我给你的第一印象_____

13. 认为怎样才算幸福_____

14. 最喜欢自己的哪一点_____

15. 听到哪句话最开心_____

16. 最不想听到哪句话_____

17. 将来想成为怎样的一个人_____

18. 如果只有一个提问机会，你最想问我什么_____

三、反思蜕变

　　父母在我们眼中可能更多地意味着一种身份、一种社会角色，我们往往会忽略掉：其实我们的爸父母是一个鲜活的、立体的、有不同侧面的人。即便时代不同，他们也曾像我们一样，是一个也许懵懂，也许叛逆的少年。当父母卸下"为人父母"这个身份时，我们如何看待他们？当父母还原到像同学一样的人时，他们如何看待自己？每一个提问都是一段故事的开头，故事里的人是丰满生动的，而彼此分享故事也正是彼此好奇、彼此"看见"的开始。祝你有故事可听，祝你有故事可讲，也祝你的故事有人用心听。

后记

同学你好,至此我们6部24集的心理成长纪录片就已经全部完成了。感谢你在每一集记录中的投入与真诚,也希望这些用心的记录能够帮助你更好地与自己相处,更好地觉察到你自己内心的蓬勃力量。

其实我们每个人的内心活动都丰富多彩,同时,我们在内心中的这些探索、想象、思考、分析、判断、关联、比喻、概括等活动,都是我们身心成长、成熟不可或缺的部分。

然而长久以来,我们都比较缺乏记录这些内心活动的机会和工具。比较常见的记日记、发社交动态、绘画等方式或多或少存在一些门槛或局限性。因此,考虑到这些不便与局限,我们在这本《内心的足迹》中,引入了对话沟通式的行文方式,力求把许多抽象的任务活动变得简单。同时,我们再次深入学习《中小学心理健康教育指导纲要》,从情绪管理、学业管理、自我认知、生涯教育、社会适应与人际关系6个主题入手,为大家创设了一个个小的自我探索活动。这些活动兼顾科学性和趣味性,也呼应了中学生的实际内心需求。

在每一个活动中,编者都会给你提供一个有趣的情境或者独特的视角,以此作为台阶,帮助你一步一步更清晰地看到自己的内心世界。在每一集的记录中,我们都希望你能够放下单纯的是非对错之心,充分悦纳自己,敢于真诚地表达。同时,我们的"内心的足迹"不会停歇,当下的记录与未来某时某刻的感悟体会可能又有不同。那时,未来的你不要嘲笑当下的你单纯幼稚。内心的成长,每一步都不白走。

此外,编者团队也深知本书的内容还有许多待提升改进之处,未来我们也会定期修订,更加科学有趣的记录方式会添加进来,有些待改善的部分也会逐一修订。

最后，再次送上我们的感谢，感谢你如此坦诚地面对自己，如此用心地照料自己。相信完成这些纪录片后，你会更好地关爱照料自己，走好内心成长的漫漫旅途。

祝你的终身成长之旅幸福愉悦！

编者

2024 年 10 月